계단, 문명을 오르다

고 대 ~ 르 네 상 스

계단, 문명을 오르다
고대~르네상스

임석재 지음

계단의 역사를 통해 본 서양 문명사

휴머니스트

지은이의 말

계단은 인간사 그 자체이다. 주변을 한번 둘러보자. 너무 당연해서 잘 모른 채 지나치지만 주의를 기울여 주변을 살펴보면 온통 계단 천지다. 아파트에서 문만 열고 나가도 계단이 버티고 있다. 집 밖을 나서면 더 심해진다. 아파트 단지를 벗어나기 위해서는 최소한 몇 번의 계단은 거쳐야 한다. 지하철을 타려면 다시 무릎을 폈다 오므렸다 하는 수고를 수십 회 해야 한다. 출근을 해도 계단, 학교를 가도 계단, 슈퍼마켓을 가도 계단, 그야말로 계단 천지다. 커피를 한 잔 마시러 카페에 들어가려 해도 두세 단의 짧은 계단이 기다리고 있다.

세상은 정말로 온통 계단으로 이루어져 있고, 사람들의 일과는 계단으로 시작해서 계단으로 끝난다고 해도 과언이 아니다. 나조차 이번 책을 쓰기 전까지 주변에 계단이 이렇게 많은 줄 미처 몰랐다. 하루 종일 계단에 둘러싸여 계단을 밟으며 계단과 밀착되어 생활하는 줄 처음 알게 되었다.

　계단에 담긴 뜻은 또 어떠한가. 개인의 심리 작용에서 문명을 상징하는 내용까지 계단 속에 담긴 뜻은 무궁무진하다. 계단은 건물 내의 작은 공간 또는 부재밖에 되지 않지만, 그 속에 담긴 내용은 건물 전체에 버금간다. 하나의 독립 장르를 이룬다고 할 수 있을 정도이다. 계단만으로 하나의 역사를 이룰 수 있다. 계단 하나만 추적해도 서양의 전 문명을 읽어낼 수 있다.

　왜 그럴까. 계단이 갖는 독특함 때문이다. 계단은 건물 내에서 유일하게 수직 이동을 담당하는 부재이다. 엘리베이터와 에스컬레이터 등 계단을 대체하는 기계 시설이 등장하기 전까지는 그랬다. 수직 이동에는 수고가 따르는데 사람들은 수고가 들어간 것일수록 더 아끼고 오래 기억하며 특별한 의미를 부여하려 한다. 이것이 다른 부재와 계단이 차별화되는 시발점이다.

　계단만의 독특함은 계속 이어진다. 우선 형태적으로 그렇다. 10~15센티미터의 챌판과 30센티미터 안팎의 디딤판으로 이루어지고 톱니처럼 자글자글한 꺾임이 반복되며, 공간적으로는 사선을 형성하는 드문 곳이다. 심리적으로나 생리적으로도 그렇다. 이런 계단을 한 발씩 밟으며 사선 방향을 오르는 행위는 매우 체험적인 것이어서 공간을 나와 동일하게 느끼게 해주는 힘이 무척 크다. 몸을 움직이면 신경과 감각이 주변 환경을 받아들이는 정도가 커지게 되는데, 이것이 공간 속에서 일어날 경우 사람들은 그 공간을 자기의 육체와 일체화시키게 된다. 계단이 그렇다.

　사회학적으로 보면 계단은 권력의 속성이 강하다. 이것은 양면적이다. 건축가의 입장에서 보면 권력을 부리기에 제일 좋은 곳이 계단이다. 위아래 층을 오가려면 반드시 계단을 거쳐야 하기 때문이다. 건축가가 계단을 어느 곳에 어떻게 설치하느냐에 따라 좋건 싫건 따를 수밖에 없다. 건축주 입장에서 보면 위와 같은 여러 이유 때문에 자신을 과시하기에 좋은 부재이다. 장식으로 치장을 해도 그렇고, 웅장하게 꾸며도 그렇고, 노력에 비해 효과가 제일 크게 나는 곳이 실내에서는 계단이다.

이상의 이유들 때문에 계단에는 인문사회학적 의미가 쌓이기 쉽다. 고대 이래 많은 권력자가 자신들을 과시하는 수단으로 계단을 애용했으며, 건축가들이 특별히 공을 들여야 하는 부재로 인식되어왔다. 계단을 잘 쓰면 건물은 활기를 띠고 상징적 의미도 배가된다. 서양 건축사를 보면 계단은 시대정신을 담아내는 부재로서 매 시대마다 중요한 역할을 해왔다. 르네상스 이후 주요 건축가들은 자신들만의 계단 기법을 창조해왔다. 계단도 건물처럼 큰 역사적 흐름이 있어서 뒤 시대 건축가들은 앞 시대에 나온 계단 모티프를 많이 참고하는데, 현대 건축에서 특히 두드러지는 현상이기도 하다.

이처럼 서양 건축사, 넓게는 서양 문명사는 계단을 매개로 삼아 하나의 긴 끈으로 연결되어 있다. 미세사의 좋은 예이기도 하다. 건축 전체의 역사는 너무 방대해서 부담스러울 수 있는 데 반해, 계단은 작은 부재이면서 동시에 일상생활에서 매일 접하는 사물이어서 접근하기가 쉽다. 계단 위에 쌓인 나름대로의 문명이 있다. 계단을 읽으면 문명이 보인다. 이것이 이 책을 쓴 이유이다.

계단은 여러 각도에서 재미있는 부재임에 틀림없다. 직접 건축

설계를 하는 건축가들에게는 상상력을 발휘하기에 좋은 곳이다. 마치 소나타나 협주곡에서 연주자의 솜씨를 뽐내는 부분을 반드시 중간에 집어넣는 것에 비유할 수 있다. 건축학자나 이론가 또는 인문학 연구자들에게는 좁은 주제 하나를 가지고 서양의 전 문명사를 종횡으로 오갈 수 있는 매력적인 주제이다.

　　이런 장점에도 불구하고 우리나라에서 계단에 대해 연구하거나 계단을 소개한 책은 그동안 전무했다. 서양에는 건축 전공자들을 위한 책이 몇 권 있긴 하지만 그 내용이 신기할 정도로 서로 유사하다. 우리나라라면 표절 시비에 걸려 출판되지 못할 책들이 대부분이다. 내용도 대부분 표피적 정보에 머물고 있어서 계단에 담긴 인문사회학적 의미를 심도 있게 다루고 해석한 책은 전 세계적으로 전무하다. 나는 이런 상황을 정확히 인식하고 계단을 통해 서양 문명사를 일괄함으로써 그 속에 담긴 건축적이고 인문사회학적인 의미를 추적하기 위해 이 책을 썼다. 우리나라는 물론 전 세계적으로 최초의 시도라고 자부한다.

　　이 책은 일차적으로는 서양 문명사를 계단이라는 미세 주제를 통해 일괄한 문명 역사서이다. 좁혀보면 건축 전공자들이나 조형예술에 관심 있는 일반 독자들에게는 풍부한 건축적 얘깃거리와 디자인 모티프를 제공한다. 실제 설계에 응용할 수도 있고 인문사회학적 연구를 위한 다양한 주제를 찾아 활용할 수도 있다. 그런 의미에서 지금 이 시점과의 연관성을 높이기 위해서 각 장의 역사적 주제를 활용한 현대 건축가들의 예를 넣어 현장감을 살렸다.

　　이 책은 두 권으로 된 서양의 계단 문명사 가운데 1권에 해당된다. 계단의 탄생에서 시작해서 고대를 거쳐 르네상스까지의 시기를 다루고 있다. 계단의 탄생은 매우 상식적인 것이었다. 사람에 초점을 맞춰보면, 어떤 목적에서건 머리 위에 닿기 위한 필요성에 따라 수직 발판 개념으로 시작했다. 환경의 관점에서 보면 경사라는 항시적 지형 조건 속에서 살아가다 보니 사람이 지나간 발길 따라 자연스럽게 계단이 형성되었다. 이후 본격적인 문명이 시작되면서 계단도 문명사를 따라 형식화 과정을 거치게 된다.

고대에는 옥외 계단 중심으로 정치권력을 과시하는 수단이나 종교적 목적을 가졌다. 그리스-로마 시대 때 고전주의로 편입되면서 좀 더 정밀하게 다듬어졌다. 이때까지도 아직 옥외 계단이 주를 이루었다. 중세 때 방어용 나선형 계단으로 처음 실내로 들어왔다. 중세 말기가 되면서 건물 외부로 돌출하면서 대형화되었다. 르네상스 시대에는 반듯하게 다듬어져 정형화되었다. 건물 전체의 격자 구도 가운데 사각형 몇 개를 차지하는 형식으로 표준화된 것이다.

이런 형식화의 역사에는 각 시대를 대표하는 많은 상징적 의미가 들어 있다. 고대에는 주로 하늘에 닿기 위한 목적이 컸다. 정치와 종교 모두에서 그랬는데, 이런 점에서 고대 계단은 초월적 의미를 가졌다. 그리스-로마 시대에는 사람의 손아귀 안으로 들어왔다. 땅 위의 현실적 목적을 위한 실용성이 지배했다. 중세 때에는 전쟁과 기독교가 계단을 이끌었다. 전쟁은 나선형 계단이라는 구체적 결과물을 직접 낳은 반면, 기독교는 야곱의 사다리 개념을 은유적으로 해석해서 상징화했다. 르네상스 때에는 작가주의가 등장했다. 최초로 개별 건축가의 작품 개념으로 계단이 정의된 것이다. 이에 따라 계단에 담긴 근대적 의미의 초기 씨앗이 뿌려졌다.

마지막으로 졸고를 정성껏 좋은 책으로 만들어주신 휴머니스트 출판사에 깊은 감사의 마음을 전한다. 또한 사랑하는 나의 가족, 두 딸과 애들 엄마에게 말로 형언할 수 없는 감사의 마음을 전한다.

2009년 여름
임석재

차례

지은이의 말

1장 계단의 탄생

01 인류 역사의 보물창고   15
계단을 바라보는 획일화된 시선 | 소통과 교류, 계단의 인문사회학적 의미

02 계단은 어떻게 시작되었을까   21
도구 본능, 퀼러의 침팬지 실험 | 계단의 원시성을 되살리는 현대 예술 |
자연 발생, 땅에 내재된 계단의 가능성 | 계단식 논을 예술적으로 활용하다 |
인체 구조, 머이브리지의 연속 사진과 무릎의 역동성 | 미래주의 미술의 모티프

2장 초월적 존재를 이어주다 — 고대 오리엔트

03 계단에 내재한 수직 욕망   55
하늘과 수직 이동 | '우주론적 산'을 건축적으로 형식화하다 | '인공적 산'을 형식화한 탑

04 하늘에 이르는 길   72
지구라트, 달의 신을 모시는 신방 | 바벨탑과 피라미드, 고대 계단의 쌍두마차

05 종교적 앙천을 상징하는 계단   87
곧은 계단, 육체적 수고 뒤에 숨은 정신적 휴식 | 곧은 계단 모티프를 구현한 현대 건축

3장 기도와 계단이 만나다 — 기독교 문명

06 수직 구조물과 욕망   101
저주와 벌 | 구원의 끈, 하나님을 만나는 길 | 믿음의 단계, 고난을 극복하고 십자가를 만나다

07 믿음, 소망, 사랑의 계단   113
사다리와 십자가 | '예수의 십자가 처형'과 '강가' | 천지창조와 에덴동산

08 야곱의 사다리와 바벨탑   131
블레이크와 샤갈의 계단 | 브뤼헐의 바벨탑

4장 기능에 충실한 계단을 만들다 — 그리스-로마

09 휴먼 스케일의 그리스 계단 147
땅과 하나된 친자연적 계단 | 제우스 제단과 카피톨리움

10 볼거리와 효율의 로마 계단 160
연속 공간, 로마를 대표하는 건축 기법 | 장경주의와 기능성을 겸비한 로마 극장 계단

11 현대 고전주의 건축으로 재탄생하다 170
현대 건축의 모티프 기단 | 로마 극장을 활용한 현대 건축 | 알도 로시와 신합리주의 제단

5장 전쟁이 웅장한 계단을 만들어내다 — 중세

12 전쟁, 중세의 계단을 오르다 189
방어와 은밀함을 시작한 나선형 계단 | 수직 구성과 프라이버시로 발전하다

13 스펙터클이 된 계단 202
권력과 군사력을 상징하다 | 나선형 계단의 개방화

14 르 코르뷔지에의 입맞춤 223
나선형 계단을 전유한 르 코르뷔지에 영감 | 부드러운 S자 곡선을 활용한 현대 건축

6장 예술이 된 계단 — 르네상스

15 인간을 위한 계단이 등장하다 239
작가주의와 형식화 | 팔라초와 고전주의 미학, 개방형 사각 회전 계단과 유턴 계단 |
알베르티, 마르티니, 미켈로초

16 독립된 건축물로 계단을 사유한 다 빈치 255
나선형 기하주의 | 이중 나선형 계단을 완성하다 |
브라만테, 바티칸 벨베데레 안마당과 15세기 피렌체 빌라 | 정원, 인공폭포와 건축 이벤트

17 르네상스 작가주의의 최고봉 미켈란젤로의 계단 281
은유적 해석 능력 | 라우렌치아나 도서관 계단 | 캄피돌리오 광장 계단

1장

계단의 탄생

01   인류 역사의 보물창고

계단은 없는 곳이 없다. 주위를 둘러보자. 인간 환경에서 빠질 수 없는 항시적 존재이다. 형태, 크기, 재료, 형식 등 종류도 무한대로 다양하다. 너무 당연한 존재이기 때문에 언제 생겼는지, 왜 만들었는지 진지하게 생각해보는 것이 쓸데없어 보이기까지 하다. 그러나 계단에 대해 조금만 생각해보기 시작하면 머리가 복잡해진다. 종류와 수가 너무 많기 때문에 어디서부터 어떻게 시작해야 좋을지 막막해 보인다. 반면 그놈이 그놈 같아 보여서 별 차이를 못 느끼기 쉽다. 본래 계단은 종류와 형식이 무척 다양한 건축 부재인데 요즘은 그 차이를 모두 지우고 한 가지로 획일화되어 있다. 잘 된 계단을 찾기는 더 어렵다. 획일화되다 보니 당연한 결과이기도 하다. 우리 주변에 이른바 '계단 명품'은 없어 보인다. 그러다 보니 계단에 별 의미가 있겠느냐며 그냥 덮어버리게 된다. 계단은 그냥 아파트 층 사이에 무덤덤한 모습으로 늘 심심하게 방치된 곳이려니 하고 만다.

계단에 대해서 우리가 가지고 있는 생각은 다분히 기능과 효율 중심이다. 제일 중요하게 생각하는 것은 안전이다. 넘어지지 않는 것이 최대 과제이다. 그 다음은 효율이다. 계단으로 돌아가면 시간상으로 큰 손해를 보는 것처럼 조바심을 낸다. 그 다음은 면적과 공사비다. 계단이 크면 공간 낭비라고 여기며 쓸데없는 데 돈을 썼다고 생각한다. 마지막은 체력 소모이다. 계단을 오르는 일이 점점 힘든 기피의 대상이 되고 있다. 엘리베이터와 에스컬레이터가 나오면서 더 그렇게 되었다. 한 층까지는 걷지만 2개 층 차이부터는 가급적 엘리베이터를 타려 하며, 3개 층 정도 되면 대부분 계단을 이용하지 않는다. 4층 높이부터는 죽을 병 걸려 이 악물고 살을 빼야 되는 사람처럼 특수한 상황에 처한 경우에만 계단으로 걷는다. 지하철에서 나와 계단 앞에 서면 한숨부터 나온다. 지하철 계단을 오르내리기가 싫어 멀리 횡단보도로 돌아가는 사람도 많다. 여기까지가 기능과 효율 중심의 계단에 대한 일반인들의 생각이다. 건축 종사자들에게는 중요한 항목이 하나 더 있는데 방화나 대피 등 화재와 관련된 역할이다. 계단은 화재 시 건물 내부에서 층과 층 사이를 오가며 대피할 수 있는 유일한 생명줄이다. 평생 동안 불이 안 나는 경우가 대부분이지만 한 번 났다 하면 생사의 기로에 서는 문제이기 때문에 방화와 대피는 근대화된 국가에서는 우선순위에서 제일 앞으로 간다.

계단을 바라보는 획일화된 시선

계단에 대한 이런 생각은 어쩜 당연한 것처럼 보이지만 그리 오래된 것이 아니다. 20세기 기계문명과 물질문명, 좁혀보면 이것들을 지탱하는 건축 사조인 기능주의의 산물이다. 인간을 편리하게 해주기 위해 기계문명이 재래문명을 대체해가는 큰 흐름의 하나로 볼 수 있다. 수공예를 기계공예가, 육필원고를 한글 프로그램이, 유선전화를 무선통신이 대체해가는데, 계단도 이런 경우들보다는 덜하긴 하지만 기계문명의 발전에 의해 그 수고를 덜어줄 대상으로 인식되고 있다. 엘리베이터가 계단을 대체하는 현상은 조금 과장하면 자동차가 달구지나 마차를 대체하는 것에 비유될 만하다.

기계 발명품들이 재래적 수고를 덜어주는 고맙고 착한 존재라는 데 이의를 제기하는 사람은 거의 없다. 기계문명 신봉자들은 재래문명에서 겪어야 하는 육체적 수고가 기술 발전을 충분히 이루지 못해서 치러야 하는 억울하고 쓸데없는 고생이라고 생각하는데, 놀랍게도 계단도 그 품목 가운데 하나로 들어 있다. 20세기 기능주의는 건축에서 재래적 수고를 덜어주려는 새로운 운동이었는데 계단도 중요한 항목으로 들어 있었다. 쓸데없이 과장된 계단을 줄여서 낭비를 없앴고, 불이 나면 안전하게 대피할 비상통로로 계획했으며, 구불구불한 계단은 두드려 펴서 일직선으로 만들었다.

그러나 계단은 그렇게 간단한 문제가 아니다. 원래 계단은 이런 것이 아니었다. 앞과 같은 계단에 대한 기능주의적 인식은 통상 100년, 길게 잡아야 150년밖에 안 되었으며, 그 이전 2500년 동안 인류가 계단에 대해 갖고 있던 생각은 완전히 다른 것이었다. 계단은 다양한 인문사회학적 의미가 넘쳐나던 곳이었다. 역사적으로 봐도 그렇다. 계단이 언제 생겼는지에 대해서는 정확한 기록이나 통일된 의견이 없는데, 이것은 계단이 그만큼 오래되었을 뿐 아니라 당연하기도 하다는 것을 보여주는 증거일 수 있다. 계단은 인류의 역사와 함께 해온 셈이다. 시간상으로만 그런 것이 아니다. 내용적으로도 서양 건축의 전 역사와 궤를 같이해오면서 각 시대의 문명 현상이 잘 드러난 곳이 바로 계단이다.

각 시대의 사회적 의미가 건축을 통해 집약적으로 저축된 보물창고가 바로 계단이다. 종교적 상징성, 정치적 기념비성, 사회적 공공성, 경제적 욕망, 심리적 섬세함, 생리적 육체성 등 인간을 둘러싼 개인적 - 집단적 - 정신적 - 육체적 문명 작용의 총집합체이다.

소통과 교류, 계단의 인문사회학적 의미

계단은 건축 부재 가운데 이런 다양한 인문사회학적 의미를 담아내기에 가장 적합한 요소이다. 역사적으로 훑어봤을 때 계단만큼 건축 부재 한 곳에 시대적이고 문명적인 의미가 집약된 것은 없다. 이것은 거꾸로 그만큼 계단이 이런 의미를 표현하기에 적합한 부재이기 때문일 것이다. 이런 내용은 인간사에 너무 중요한 것들이다. 기능과 효율도 중요하지만 이런 풍부한 인문사회학적 의미와 통째로 바꿀 만하지는 않다. 기능과 효율이 지배한 기계 - 물질 문명은 20세기 100년에 불과하다. 그 이전에는 수천 년 동안 정신적 가치가 지배하던 찬란한 역사적 문명이 있었으며, 21세기에는 다시 이런 역사적 가치를 복원시키려는 움직임이 강하게 일어나고 있다. 계단은 그런 작업을 위해 매우 중요하고 유용한 환경 요소이다.

기능과 효율이 계단을 지배하면서 인간사는 삭막해지고 사나워지기 시작했다. 더욱 중요한 것은 기능과 효율만이 계단의 유일한 가치가 된 이후에 오히려 안전사고는 더 늘었다는 점이다. 우리는 무엇과 무엇을 바꾸었는지에 대해서 잘 따져보아야 하는데 계단이 대표적인 경우이다. 계단을 주고 엘리베이터와 에스컬레이터를 얻은 것은 결코 남는 장사가 아니다. 다양한 즐김의 대상이던 계단이 기피의 대상이 되고 계단 앞에 서면 한숨부터 나온다는 것은 우리의 가치관이 심하게 삐뚤어져 있음을 보여주는 증거이다. 계단에 저축되어왔던 인문사회학적 의미는 결단코 복원되어야 한다. 기계-물질 문명의 폐해를 치유하기 위해 21세기에 등장하기 시작한 정신 복원 작업의 중요한 부분이 될 수 있다. 그러기 위해서는 그 내용이 무엇인지, 그런 정신적 가치가 어떻게 표현되었는지에 대해서 살펴보아야 한다.

이럴수록 가장 기본부터 시작해야 한다. 사전적 정의부터 시작해보자. 안타깝게도 대부분의 사전에는 '계단'이라는 단어는 나와 있지만 설명은 따로 없다. 국어사전에는 계단의 순우리말인 '층층대'라고 나와 있는 정도이다. 너무 당연한 대상이라 별도의 설명이 필요 없어서일 게다. 말로 설명하느니 주위를 한번 둘러보면 실제 물건이 넘쳐나니 그것을 보여주는 게 더 낫기 때문일 것이다. 손가락만 뻗으면 "저런 게 계단이야."라고 답해줄 수 있는 실례들이 넘쳐난다.

그럼에도 굳이 정의를 하자면 영어사전이 도움이 될 만하다. "높이가 다른 두 곳을 이어 소통과 교류를 가능하게 해주는 발걸음의 수직 이동 수단." 이 표준적 설명이다. 이 내용을 압축하면 결국 '층층대'라는 말과 같아진다. '층과 층 사이를 이어주는 대'라는 뜻이다. 이런 짧은 정의 속에는 여러 뜻이 담겨 있다. '높이가 다른 두 곳'과 '층과 층 사이'는 같은 말이다. 이 말 속에는 자연 지형에 당연히 존재하는 높이 차이를 인공적 수단으로 정리했다는 의미가 들어 있다. 또는 사람들이 일부러 수직 적체(積滯)를 만들어냈다는 의미도 들어 있다. '소통과 교류'는 '이어주는'과 같은 말인데 이 말 속에는 계단의 목적과 기능의 의미가 들어 있다. '발걸음'이라는 단어는 인체 구조와 연관성을 갖는다. 위로 향하는 사람들의 발걸음을 모아놓으면 계단이 된다는 뜻인데, 걸을 때 무릎이 굽혀지는 인체 구조와 관계가 있다. '수직 이동'이라는 단어도 일차적으로는 기능적 의미를 갖지만 하늘을 향한다는 점에서 정치적이고 종교적인 의미로 발전할 수 있다.

 이상의 내용을 종합하면 계단이 탄생한 기원과 같아진다. 이런 상식적 정의는 계단의 탄생 기원을 정리한 나의 이론과 크게 다르지 않다. 나는 계단의 기원을 크게 셋으로 정리하는데, 도구 본능, 자연 발생, 인체 구조가 그것이다. 이 셋은 인간이 상징 행위를 통해 문명 활동을 벌이기 이전 단계의 원초적이고 근원적인 동인이다. 수직 욕망도 중요한 동인인데, 이것은 기원으로 볼 수도 있고 기원에서 파생한 다음 단계의 상징 행위로 볼 수도 있다. 수직 욕망은 근원적 기원과 문명 활동을 이어주는 분기점으로, 이때부터 '고대'라고 부르는 서양 건축의 역사가 시작된 것으로 볼 수 있다.

02　계단은 어떻게 시작되었을까

　손이 닿지 않는 위쪽에 있는 물건을 취하기 위해 할 수 있는 행동은 두 가지다. 펄쩍 뛰든가, 무엇인가를 딛고 올라서는 것이다. 앞의 방법은 높이에 한계가 있을 뿐 아니라 불안하다. 서전트 점프(sargent jump)라고 해봤자 몇십 센티미터가 고작이며 공중에 머물러 있는 시간도 1초를 넘기기 어렵다. 마이클 조던의 농구 실력이 오랜 체공시간이라 하지만 그래봤자 남보다 1초 정도 더 공중에 떠 있는 정도이다. 이 시간 동안 마이클 조던이 할 수 있는 일이라곤 무수한 반복 훈련을 통해 습득한 공 던지기 기술 하나뿐이다. 일반인으로 오면 상황은 열악해진다. 두 발은 공중에 붕 떠 있다. 이런 조건에서 팔을 써서 무슨 일을 하는 것은 불가능하다. 이를 극복하기 위해 무엇인가를 쌓고 그 위에 올라서게 된다. 사람 등을 밟고 올라서는 행위도 계단의 기원과 같은 맥락을 갖는다.

　학자들은 이런 행위를 도구적 본능으로 본다. 모든 동물이 갖는 본능은 아니지만 사람 이외에도 침팬지 같은 일부 고등동물은 이런 행위를 할 수 있는 것으로 보고되어 있다. 쾰러(Wolfgang Köhler, 1887~1967년)의 침팬지 실험이 대표적인 예이다. 그는 아프리카의 테네리프라는 섬의 유인원 연구소장을 지내면서 1913~1925년 사이에 네 마리의 침팬지를 데리고 다양한 실험을 했다. 이때 한 연구는 동물을 이용한 인지학습과 형태심리학의 고전적 업적이 되었는데, 이 가운데에는 계단이 도구 본능에서 만들어졌음을 보여주는 내용도 있다.

도구 본능, 쾰러의 침팬지 실험

쾰러는 침팬지 주위에 나무 상자를 여럿 놔두고 팔이 닿지 않는 높이에 바나나를 매달아두었다. 침팬지는 뛰어서 잡으려고 시도를 하다가 그것이 여의치 않자 주변을 두리번거리더니 상자를 쌓고 그 위에 올라서서 바나나를 땄다는 보고이다.[1-1] 나중에는 상자를 이용해서 모서리도 맞추는 등 비교적 정교한 구조물을 쌓을 수 있게 되었는데, 제일 높은 것은 4층 높이까지 올라갔다. 이 실험은 약간의 반박을 받기도 했지만 1940년대 후반에 실러(Paul Schiller)에 의해 보강된 내용으로 증명되는 등 정설로 굳어졌다.

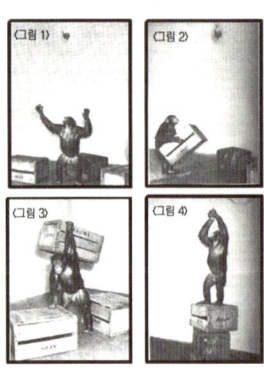

1-1
쾰러의 침팬지 실험을 보여주는 사진

쾰러는 계단 때문에 이 실험을 한 것은 아니고 동물, 특히 유인원도 사람과 유사한 통찰력과 조직적 사고력을 갖고 있다는 것을 밝히려고 했다. 쾰러가 사용한 도구는 막대기와 나무 상자 두 가지였는데, 침팬지는 높은 곳의 바나나를 따기 위해 두 도구를 모두 잘 사용할 줄 알았다. 심지어는 둘을 결합해서, 즉 상자를 쌓고 그 위에 막대기를 들고 올라가서 바나나를 따기까지 했다. 쾰러의 실험 자체는 계단과는 아무 상관이 없는 것이지만 도구 본능이 계단의 기원이라는 주장을 뒷받침하는 좋은 증거이다. 침팬지가 쌓은 나무 상자는 다름 아닌 계단의 초보적 형태로 볼 수 있기 때문이다.

쾰러의 실험은 원시시대 때 계단이 도구 본능과 관련되어 만들어졌음을 보여주는 좋은 증거이다. 침팬지와 유사한 환경에 처해 있던 원시인들이 열악한 자연환경 속에서 살아남기 위해 동일한 일을 했을 것으로 생각할 수 있다. 지구의 자연환경에서 높은 곳을 먼저 점령하는 일은 생과 사를 가를 정도로 중요했다. 동물들보다 육체적 조건이 불리한 대신 지능이 발달하고 손을 이용해 도구를 사용할 줄 알았던 원시인들은 자신들의 불리함을 만회하기 위해 여러 도구를 고안했는데 계단도 그 중 하나였다. 안전한 피난처 기능을 갖는 건물을 축조할 수 있게 되기 전까지 계단은 그 기능을 대신했다. 이를테면 원숭이가 이 나무에서 저 나무로 한 번에 점프하는 것에 해당되는 도구적 보충이 계단이었던 것이다.

좀 더 세분하면 계단 가운데에서도 사다리에 가까운 것으로 볼 수 있다. 사다리는 계단 가운데 가장 초보적 형태인 동시에 도구적 성격이 가장 강한 계단이기도 하다. 과일을 따거나 맹수를 피하거나 먼 곳을 관찰하기 위해 나무 위로 기어 올라가는 행위도 이것의 한 종류로 볼 수 있다. 이런 유추를 좀 더 발전시키면 침팬지가 4층 높이까지 쌓은 구조물, 그리고 그 위에 막대기까지 들고 올라간 점은 탑의 기원에 대한 원시적 설명으로까지 확대될 수 있다. 실제로 사다리와 탑은 모두 계단과 관련이 깊은 주제들이다.

도구 본능에서 탄생된 계단은 상반된 두 가지 의미를 갖는다. 하나는 원시성이고, 다른 하나는 기능적이고 효율적인 목적성이다. 원시시대에는 이 둘이 하나였다. 정착과 농업이 시작되기 이전의 수렵과 채취 시대에 맹수와 싸워 이기고 혹독한 자연환경에서 살아남기 위한 생존 본능의 산물이었다. 계단은 건물을 지면에서 분리시켜 위험한 적으로부터 보호해주는 기능을 가지며, 열대지방에서는 나무 위에 집을 지어 통풍과 환기를 확보해 고온을 이긴다. 신석기시대와 청동기시대의 역사가 진행되면서 원시성과 목적성은 분리되었고, 목적성이 독자적으로 남아 추구되었다. 이후 인류의 문명 활동은 원시성을 극복하기 위한 노력으로 이어졌고 기능과 효율을 최대한 추구했다. 계단은 그 한가운데에 있었다. 목적성에 함몰된 계단은 무엇인가를 축적하기 위한 수단이었다. 사람들은 계단을 부지런히 오르내리며 부와 재화를 쌓아갔다.[1·2]

계단에 내재된 이런 목적성은 이후 한 번도 사라지지 않고 계속 이어졌다. 인공적 힘에 크게 의지해서 문명을 일구어온 서양에서 특히 그랬다. 도구 본능은 기능적 목적성이 강한 개념이다. 사람들은 무엇인가를 손에 더 넣기 위해 계단을 오른다. 우리의 조상이 과일을 따기 위해 나무를 오르거나 사다리를 세웠듯이, 지금은 위층에 가서 업무 협의

1-2
트라야누스의 승전기둥 표면에 새겨진 돋을새김. 병사들이 계단을 오르내리며 요새를 쌓고 있다.

를 하기 위해서 계단을 오른다. 중층 건물이 탄생할 수 있었던 것도 계단이 있었기 때문이다. 계단에 내재된 기능적이고 효율적인 목적성에 골똘히 몰두하다 보니 이것을 건물에까지 적용하게 되었고, 그 결과 탄생한 것이 중층 건물이었다. 서양에서 특히 중층 건물이 발전한 것도 이런 이유에서이다.

계단의 원시성을 되살리는 현대 예술

이렇게 보았을 때 무엇인가를 쌓는다는 것은 인간의 욕구적 본능 가운데 하나일 수 있다.[1-3] 고층 오피스 빌딩은 이런 발전의 마지막 단계라 할 수 있다. 이에 맞춰 계단 자체도 발전을 거듭해서 결국 '기계화된 계단'이라고 할 엘리베이터까지 만들어내게 되었다. 고층 건물이 산업자본주의 시대 때 집중적으로 발전한 것은 좋은 증거이다. 완전히 기계화되지는 않더라도 수동으로 작동하는 엘리베이터는 이미 로마 시대에 발명되었다. 르네상스 시대에도 브루넬레스키나 레오나르도 다 빈치 등 중요한 엔지니어들은 로마 선례를 개선한 엘리베이터를 만들 줄 알

1-3
모세 사프디의 해비타트 이미지. 어린아이가 집 쌓기를 하며 놀고 있는 이 장면은 퀄러의 침팬지가 나무 상자를 쌓는 것에 대응될 만한 것으로, 무엇인가를 쌓는 행위가 손에 물질을 넣기 위한 동물적 본능 가운데 하나일 수 있음을 보여준다.

았다. 그러나 이때에는 고층 건물이 탄생하지 않았는데 그것은 물질 축적에 대한 욕망이 산업자본주의 시대보다 크지 않았기 때문이다. 중층 건물은 무엇인가를 더 많이 쌓아두기 위한 목적을 갖는데 그 뿌리는 도구 본능으로서의 계단까지 거슬러 올라갈 수 있다. 수직 적층은 곧 물질 축적과 동의어이고 계단은 그 한가운데에 있다.

그러나 도구 본능으로서의 계단에 내재된 원시성은 완전히 사라지지 않았다. 문명화된 삶을 거부하는 오지에서는 아직도 오름용 막대기(climbing pole) 같은 원시시대 초창기 계단이 쓰이고 있다. 이것은 큰 막대기가 버팀목 개념으로 중간을 가로지르며 서 있고 그 양쪽으로 디딤판을 돌출시킨 형태이다. 또는 버팀목이 양옆에서 잡아주는 표준형 사다리나 나무토막을 벽에 박은 뒤 끝을 캔틸레버(cantilever, 외팔보)처럼 돌출시킨 형태 같은 다양한 초창기 방식들이 쓰이고 있다.[14] 이런 예들은 많은 곳에서 찾아볼 수 있는데, 서아프리카의 도곤족과 파나마 원주민, 뉴멕시코의 인디언 원주민 등이 대표적 예이다.

일부 현대 건축가들은 원시성을 디자인 모티프로 활용한다. 이런 의도가 유난히 강한 건축가들은 '원시주의'라는 사조로 분류할 수도 있다. 이들은 기계와 물질에 찌든 현대 문명의 폐해를 극복해줄 정신적 안식처로 원시성을 찾는데 계단은 중요한 항목으로 들어 있다. 계단을 이용한 원시주의 건축은 고대 기념비성을 부활시키려는 경향이 주류를 이루는데 이 주제는 아래에서 다룰 것이다. 도구 본능을 보여주는 예들도 하나의 공통된 흐름을 보인다. 직접 건물에 적용한 경우보다는 그 이전 상태에서 인간의 조형 환경을 구성하는 기본 요소의 하나로 계단을 정의하는 경향이다. 여기에서 기본 요소라 함은 그 출처를 논리적으

1-4
인도 카르나카타 지역의 원시 사다리. 퀼러의 침팬지가 쌓은 나무 상자를 조금 다듬어 정리하면 원시 사다리가 된다. 한쪽 끝을 캔틸레버로 돌출시킨 원시적 형식이다.

로 증명하기보다는 초기 조건으로 받아들이다는 뜻이다. 건물보다 더 근본적이고 원초적 차원에서 계단의 의미를 제시하는 것이다.

이런 경향을 보이는 예술가들은 건축가와 화가를 통틀어 꽤 많다. 이들은 인간의 조형 환경을 구성하는 요소들을 나열해서 작품을 만든다. 나열하는 방식은 회화, 설치, 콜라주, 환경디자인, 조각 등 다양하다. 구성 요소는 추상화된 기하 형태가 주를 이루는데 구상 요소를 사용하기도 한다. 또는 기하 형태를 유지하면서 피라미드나 탑 같은 고대 거석 구조를 표방하기도 한다. 카라반(Dani Karavan)은 키카 레바나

(Kikar Levana)라는 작품에서 피라미드, 사각기둥, 면 입체(책처럼 넓적한 육면체), 반구, 역반구(땅을 반구처럼 파서 만든 웅덩이), 계단, 역계단(땅속으로 계단이 파고 들어가게 만든 처리) 등을 인간의 조형 환경을 구성하는 요소로 모아서 제시하고 있다.[1-5] 카라반은 이 요소들을 텔아비브의 잔디 공원에 흰 바닥을 깔고 그 위에 모아놓았다. 마치 멍석을 깐 것과 같은 개념으로, 사람들에게 자신들의 조형 환경을 구성하는 요소들에 대해 생각해보도록 만드는 판을 열어준 것이다.

계단은 여기에서 핵심적 역할을 하는데, 이것은 계단의 탄생을 인간 존재를 위한 가장 근원적 요건으로 보겠다는 입장이다. 카라반은 계단에 담긴 원시성을 존재 조건을 위한 근원적 기능성으로 정의하고 있다. 실제로 각 요소는 추상성이 강한 기본 기하 형태로 단순화되어서 이런 근원성을 잘 보여준다. 계단도 마치 쾰러의 침팬지가 쌓은 나무 상자 같은 모습으로 처리했다. 이 작품은 카라반의 트레이드 마크인 공공 미술의 좋은 예인데, 요소 하나하나의 크기가 매우 커 사람들이 직접 오르내리는 놀이터로 쓰이지는 못하고 있다. 그보다는 점점 복잡하고 자극적이 되어가는 현대 조형 환경에 대한 치유 개념으로 원시적 단순성을 제시하려는 목적을 갖는다. 작품 전체를 잡티 없는 흰색으로 칠해서 순결성을 높인 처리는 이런 의도를 돕는다.

건축가들 가운데에서도 자신의 건축관의 출발점으로 이와 비슷한 입장을 표방하는 경우들이 있다. 그레이브스(Michael Graves)는 프랑크푸르트 독일건축박물관 안마당 설치 작업에서 자신이 생각하는 조형 환경의 구성 요소들을 한자리에 모아놓았다.[1-6] 자신이 설계한 고층 건물들을 장난감처럼 친근한 기하 형태로 단순화시킨 요소들이 주를 이

1-5
대니 카라반, 키카 레바나, 이스라엘 텔아비브, 1988년

루는데 계단도 그 사이에 당당히 끼어 있다. 그레이브스의 계단도 카라반의 계단처럼 퀼러의 침팬지가 쌓은 나무 상자를 닮은 형상을 했다. 그레이브스는 이른바 포스트모더니즘 시대에 미국의 대도시 중심가 고층 건물을 석권했던 건축가인데, 이런 그가 자신의 대표작들과 계단을 나란히 설치한 것은 시사하는 바가 크다. 그는 수직 축적이 집약된 고층 건물을 인간의 조형 환경을 구성하는 기본 요소 가운데 하나로 보고 있는데 계단도 이것들과 등가(等價)라는 주장을 펴고 있다. 이런 입장은 도구 본능으로서의 계단에 내재된 두 가지 상반된 의미인 원시성과 목적성을 하나로 합한 것으로 볼 수 있다. 미국식 자본주의를 건축으로

1-6
마이클 그레이브스, 프랑크푸르트 독일건축박물관 안마당 설치 작업, 1983년

풀어내는 첨병이었던 그레이브스조차 근원적 단순성에 대해서 고민하고 있으며 계단을 그 대상으로 삼고 있다.

자연 발생, 땅에 내재된 계단의 가능성
계단은 사람들이 인위적으로 만든 것이 아니라 땅의 생김새를 따라 자연스럽게 형성된 것일 수도 있다. 이것은 다시 두 종류로 나누어 생각할 수 있다. 하나는 바닥에 발자국이 새겨지기 이전에 자연 지형 자체가 계단의 모델이 될 수 있다. 경사지에 돌이 박혀 있는 상태가 대표적인 예인데 등산을 가면 쉽게 마주치는 장면이다. 이것보다는 좀 더 정밀한 경우로 쓰러져 바위에 기대어 있는 나무도 계단의 모델이 될 수 있다. 이때 나무 자체가 자연 경사로를 형성하는데 가지를 자르고 위를 평평하게 다듬어 발 디딤을 편하게 하면 계단이 된다. 이런 인공 처리를 본격화하면 시작과 종점이 명확한 지점에 통나무를 걸쳤을 것이고, 그 다음은 통나무 위를 평평하게 다듬어 디딤판을 만들었을 것이다.

다른 하나는 언덕이나 둔덕에 사람이나 동물의 발길에 의해 자연발생적으로 형성된 경사로이다. 땅은 평평하지 않고 수없이 오르내리며 크고 작은 높이 차이를 만들어낸다. 산이나 계곡 같은 높은 고저 차는 앙천(仰天) 같은 정신적 차원으로 넘어가지만, 발걸음의 범위 안에 들어오는 낮은 차이는 계단 형상으로 귀결된다. 여러 사람이 완만한 지형을 오르내리다 보면 발바닥에 맞춰 땅에 일정한 패턴이 만들어지는데 자연 계단이라 할 수 있다. 이것을 일컬어 '변형된 대지 계단(modified land stair)'이라는 말을 사용하기도 한다. 또는 경사 지형에 발자국이 고착되면서 자연 발생적으로 형성된 점에서 '비의도적 계단(unintentional stair)'이라 부를 수도 있다.

지형의 기울기는 계단과 경사로를 구별하는 분기점이 된다. 기울기가 제법 될 경우 계단이 되지만 완만한 경우는 경사로에 머물 수 있다. 이렇게 생긴 원초적 경사로를 '엮어 만든 길(cordonata, corded way)'이라 부르기도 한다. 이 말은 '경사로'라는 단어의 어원이기도 한데, 직각으로 오르다 꺾이는 분절 없이 연속으로 이어진다는 뜻이다. 이런 길은 자연 지형에 순응해서 만들어진 계단 길이다. 짐 나르는 당나귀가 오르내리기 편하게 해주려는 목적에서 만들어진 것이기도 하다.[1-7] 당나귀한테는 계단보다 경사로가 여러모로 편리하기 때문이다. 현대

1-7
짐을 실은 당나귀가 오르내리던 곳을 사람이 오르내리고 있지만 자연 계단을 더 이상 파헤치지 않고 경사로로 활용하고 있다. '엮어 만든 길'로서 계단의 탄생을 보여준다.

1-8
뉴기니 시아르 섬 마을의 주택에 쓰이고 있는 자연 계단

건축에 경사로를 대입시켜 유행시킨 장본인인 르 코르뷔지에도 경사로의 근원에 대해서 같은 말을 하고 있다.

　세계 각지의 오지에는 아직도 이런 자연 발생적 계단이 많이 남아 있다. 필리핀 민다나오 섬에서는 아직도 석기시대식 생활방식이 유지되고 있는데, 여기에서는 절벽에 돌출한 자연 암석을 오르기 편하게 조금 다듬은 정도의 상태를 계단으로 사용하고 있다. 인도네시아의 보르네오나 셀레베스 같은 섬에서는 경사지 높은 곳에 고가 주택(elevated house)을 짓고 사는데 이곳으로 오르는 계단도 원시 상태의 모습을 그대로 간직하고 있다. 뉴기니의 원주민 마을에는 나무 기둥 두 개를 기대어 만든 경사로형 계단이 집에 쓰이고 있다.[1-8]

1-9
현무암이 식으면서 수축과 뒤틀림이 일어나 형성된 계단형 절벽

　　이런 원시적 예들조차 다분히 인공적으로 보이게 만드는 더 원시적인 자연의 작품도 있다. 사람의 손길이 닿기 이전의 자연 상태 가운데에는 이미 스스로 계단 형식을 갖춘 예가 있으며, 일부 장면들은 장엄하거나 기기묘묘하다 못해 매우 극적이어서 종교적 경외감을 불러일으킬 정도이다. 현무암이 식으면서 수축이 일어나 뒤틀리며 솟아오른 경사 절벽은 수많은 자연 계단이 어우러져 장관을 이룬다.[1-9] 각진 원통형 돌 수백 개가 높이 차이를 가지면서 수직으로 중첩되어서 계단을 이루고 있다. 자연의 모태적 생명력이 계단 형식으로 표현된 것인데, 여기에 기능적 효율을 위해 인공적 손길을 가한다는 것은 종교적 불경에 가깝게 느껴질 정도이다.

계단의 탄생 배경으로서 자연발생설은 자못 낯설 수 있으나 그 속에 담긴 뜻은 교훈적이다. 원초적 얘기이기 때문에 비현실적인 만큼 정신적 의미는 클 수 있다. 교훈은 두 가지다. 하나는 인류 최초의 계단은 발자국이었다는 것이다. 계단은 물질적 목적을 극대화하기 위한 인공적 도구가 아니라 자연 지형에 순응해서 맞춘 노력의 산물로 봐야 한다. 큰 욕심 없이 매 순간 발아래 상황에 충실하다 보면 자연스럽게 만들어져 쌓인 결과가 계단이다. 계단은 가장 인공적인 건축 부재라는 상식과 반대되는 개념이다. 계단은 반드시 효율적이고 반듯하게 만들어져야 한다고 알고 있지만 원래 근원은 이것과 반대였다. 계단에 대한 기본 인식부터 바뀌어야 한다. 능선을 무리하게 깎고 잘라내 수백 개의 일직선 계단을 억지로 박아넣는 요즘 우리의 행태에 대한 교훈일 수 있다. 실제로 우리의 전통 건축에 쓰인 계단이나 일부 현대 예술가들이 물질문명의 폐해에 대한 대안으로 제시하는 계단들을 보면 이런 근원적 의미를 담고 있는 것들이 많다.

다른 하나는 뒷사람은 앞사람이 남긴 발자국을 다시 밟고 가는 경향이 있다는 점이다. 인간의 어울림 속성과 앞사람을 따르려는 소통 본능 때문일 것이다. 우리는 기계와 물질에 찌들어 계단을 기능적 이동 수단으로만 생각하지만 계단은 원래 이런 원초적 의미를 갖기도 한다. 사람들 사이의 어울림과 이동과 교류의 흔적이 쌓여 형식화된 것이란 뜻이다. 계단을 이렇게 바라볼 수 있게 되면 지금보다는 좀 다른 형식과 분위기로 꾸미게 될 것이다. 내가 밟고 지나간 계단을 누군가 이어 밟고 지나갈 것이라고 생각하면 다양하고 풍부한 시간의 흔적과 나의 체취를 담으려 할 것이다. 내가 지금 밟고 가는 계단이 나보다 앞서 다른 누군가가 밟고 지나간 곳이라고 생각하면 그 사람의 흔적과 체취를 찾으려 할 것이다.

계단식 논을 예술적으로 활용하다

이런 점에서 자연발생설은 앞에 나온 도구본능설과 반대편에 서는 개념이다. 계단에는 이처럼 양면적 속성이 있다. 우리는 둘 가운데 하나만 극단적으로 취해서는 안 되며 둘 사이에서 적절히 균형을 취할 수 있어야 한다. 역사적으로 보면 알렉산더 대왕과 로마 공화정 초기부터 도구적 계단 개념이 형성되었다. 자연발생된 계단에 인공적 정리를 가하면서부터이다. 항구성을 원할 경우 사람들의 발자국을 모아서 정리하면 좀 더 인공적인 계단이 된다. 건물 밖 도시 외부의 경사지에 인공 계단을 대단위로 조성한 것은 그리스 시대 식민지 도시들이었다. 그리스 식민지도 초창기에는 자연 지형에 맞춰 비정형 구성이 주를 이루었으나 주로 알렉산더 대왕 때인 헬레니즘 문명에서 히포다모스의 바둑판 계획도시가 유행하면서 극단적 정형 구성으로 바뀌었다. 식민지를 경영하고 전쟁을 수행하는 데 효율성을 확보하기 위해서였다. 자연 지형의 경사지와 삐뚤삐뚤한 등고선은 가능한 한 일직선으로 펴고 다듬었는데 그 뼈대를 이룬 것은 잘 정리된 계단이었다. 이 시기는 에게 해 맞은편에서 로마 문명이 팽창하기 시작하던 때로 서양에 본격적인 정형주의가 뿌리내리던 때였다. 이후 2500년 서양 문명을 이끌어온 인간 중심의 물질문명의 시작이었다.

계단보다는 규모가 크지만 계단식 논은 자연 경사가 계단의 출처 가운데 하나임을 보여주는 증거일 수 있다. 우리나라의 남해군 다랭이 마을과 지리산 피아골 등이 계단식 논으로 유명하지만 사실 이것은 아시아 전역에 걸쳐 오래전부터 폭넓게 사용되어오던 절약형 토지 경작 방식이었다. 중국과 일본을 비롯해서 동남아 국가 대부분에 많은 예가 있다. 중국의 윈난과 광시, 필리핀의 바타드 마을 등이 대표적이다. 동남아의 계단식 논은 영화 〈람보〉에도 배경으로 등장한다. 람보가 부상당한 전우를 어깨에 둘러메고 구조 헬기를 타기 위해 계단식 논을 뛰어오르는 괴력을 발휘하는 장면이다.

계단식 논은 농업의 모태성이 자연 지형과 결합된 점에서 사람들의 원초적 기억을 자극한다. 조형적으로도 부드러운 곡선과 급한 곡선이 교대로 나타나면서 수직으로 중첩된 장면은 땅의 힘과 그 위에 터를 짓고 살아가는 인간의 생명력을 동시에 보여준다. 건축가나 조경건축가 가운데에는 계단식 논에 담긴 이런 생명력을 디자인 요소로 활용하는 경우들이 있다. 조경건축가 미들턴(Henry Middleton)은 미국의 사우스캐롤라이나에 있는 미들턴 플레이스(Middleton Place)라는 정원에 이 모티프를 활용했다.[1-10] 이 작품은 호숫가로 이어지는 완만한 경사를 폭이 넓은 계단 형식으로 다듬은 것으로 땅의 흐름을 핵심 개념으로 활용했다. 이런 점에서 19세기 미국 낭만주의에 속하는 것으로 볼 수 있다.

암바츠(Emilio Ambasz)는 후쿠오카 인터내셔널 홀(Fukuoka International Hall)이라는 생태주의 작품에서 계단식 논을 기본 모티프로 활용했다.[1-11] 이 작품은 미들턴의 경우보다 경사가 급하고 단 수도 많아서 땅의 흐름을 계단 개념으로 표현하려는 의도가 훨씬 명확하게 읽힌다. 단 사이사이에는 수목이 심어져 있어서 계단식 논을 원형으로 삼았음을 알 수 있다. 또는 이보다 더 이전 상태에서 자연 지형에 내재

1-10
헨리 미들턴, 미들턴 플레이스, 미국 사우스캐롤라이나, 19세기

1-11
에밀리오 암바츠, 후쿠오카 인터내셔널 홀

뒤, 계단의 잠재성을 끄집어내 생태미학에 접목시킨 것으로 볼 수 있다. 작품 전체적으로 계단의 활력을 생태적 모태와 결합시킨 의미를 갖는다.

중간 한가운데에는 폭포(cascade)가 떨어지는데 이것은 르네상스 정원에서 계단을 활용하여 많이 쓰던 기법으로 조경사에서는 낭만주의로 분류된다. 계단을 매개로 낭만주의에서 생태주의에 이르는 연결고리를 그려볼 수 있다. 밑단에는 실제 계단을 둬서 폭포 입구까지 오를 수 있다. 사람이 실제 발을 디디며 오를 수 있는 기능성을 보강함과 동시에 휴먼 스케일을 개입시켜 인본주의적 친밀감을 높였다. 반면 위쪽 계단식 논의 각 단은 높이가 꽤 되어서 사람이 직접 오르지 못하기 때문에 단과 단 사이를 사선 방향으로 가로지르는 경사로를 두었다. 경사

1-12
아서 에릭슨, 랍슨 스퀘어, 캐나다 밴쿠버,
1973년

로는 네다섯 단 정도를 오르다 방향을 바꿔 지그재그식으로 꼭대기까지 오르고 있다.

  이런 경사로 처리는 선례가 있는데 바로 밴쿠버에 있는 에릭슨(Arthur Erickson)의 랍슨 스퀘어(Robson Square)이다.[1-12] 이 광장은 법원, 박물관, 상가 등과 어우러져 밴쿠버 중심가를 형성하는 도심 공원이다. 크게 인공 호수와 경사로의 두 부분으로 이루어지는데 이 중 경사로를 암바츠 작품과 유사하게 처리했다. 건물 한 층 높이 정도의 피라미드형 매스를 대여섯 개 정도 수직으로 중첩시켜 동선을 상층부로 유도하고 있는데 이 매스 사이를 경사로가 가로지르고 있다. 매스 자체에는 계단을 두어 바로 오를 수 있게 했다. 규모 면에서 암바츠 작품보다 작고, 사조로는 생태주의와 반대편에 서는 산업주의 양식이지만, 경사면에 계단과 경사로를 혼용해서 동선 방향에 다양성을 준 점은 공통점이다. 경사로 상층부에 인공 연못을 둔 점도 유사하다. 오름의 목적지를 물 요소로 설정한 것이다.

인체 구조, 머이브리지의 연속 사진과 무릎의 역동성

경사진 지형을 이동하는 방식은 여러 가지일 수 있다. 계단만이 유일한 해법은 아니다. 동물을 대입시켜 생각해보자. 지렁이 같은 환형동물이나 뱀 같은 파충류는 기어 다니기 때문에 계단보다는 경사로가 맞는다. 반면 평평한 발로 서며 무릎을 구부려 걷는 포유류의 신체 구조에는 계단형이 더 맞는다. 경사 지형을 오르내리는 길의 형식이 하필이면 수직으로 오르다 분절이 일어나는 계단형으로 귀결된 데에는 '평평한 발바닥과 구부러지는 무릎'이라는 인간의 신체 구조가 중요한 배경으로 숨어 있다. 청소년을 대상으로 한 모 교양과학 책에는 "소도 계단을 내려올 수 있나요?"라는 질문이 있는데 그 답은 의외로 간단하다. "소도 무릎이 있기 때문에 당연히 내려올 수 있다."는 한 줄이 설명의 전부이다. 무릎이 없는 동물에게는 계단이 곤혹이다. 각진 계단을 꿈틀꿈틀 내려오다 보면 옆구리를 찌어 멍이 들 수도 있다.

인체 구조에 맞추기 위해 계단이 만들어졌다는 주장은 진부한 상식 같아 보일 수도 있으나 이 사실이 확실하게 밝혀진 것은 의외로 최근이다. 물론 그전까지 사람들이 무식해서 이 사실을 몰랐던 것은 아니다. 너무 당연하기 때문에 논쟁거리로 만들지 못한 것으로 보는 것이 더 정확할 것이다. '평평한 발바닥과 구부러지는 무릎'이라는 상식을 논쟁거리로 만든 사람은 머이브리지(Eadweard Muybridge, 1830~1904년)라는 사진작가였다. 그는 계단을 내려오는 사람의 동작을 연속 사진으로 찍어 보이면서 이것을 예술적이고 과학적인 논쟁거리로 부각시켰다.[1-13]

그의 주요 관심은 무릎보다 발바닥이었다. 머이브리지 이전에 사

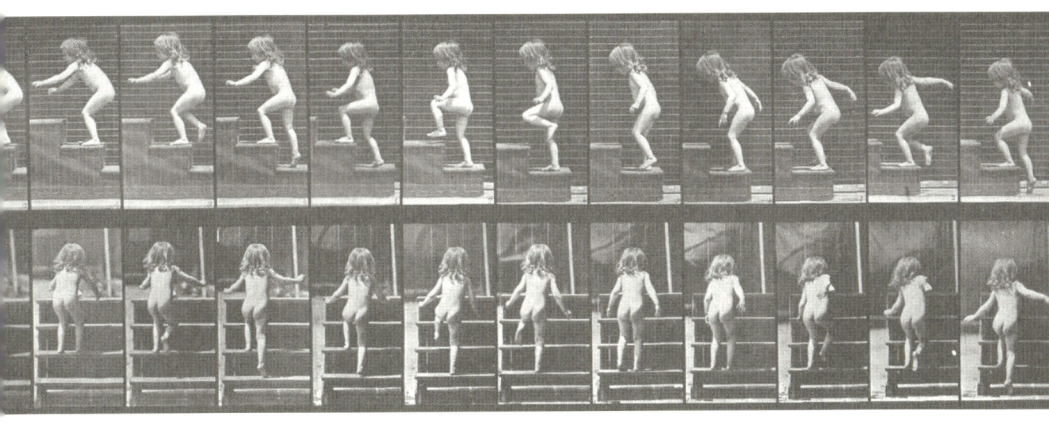

1-13
이드위어드 머이브리지, 계단을 오르는 어린아이 사진

람들은 계단을 오르내릴 때 두 발바닥 모두가 동시에 공중에 떠 있는 순간이 있는지에 대해서 '있다, 없다'로 양분되어 있었다. 그의 연속 사진이 발표되면서 '없다'가 정답으로 밝혀졌다. 두 발바닥 가운데 하나는 반드시 계단을 밟고 있다는 것이었다. 이것은 아무리 계단을 빨리 내려오거나 올라갈 때에도 마찬가지다. 중장년층은 오래전에 방영된 〈형사 콜롬보〉라는 텔레비전 외화 프로그램을 기억할 텐데, 이 형사의 전매특허가 계단을 미끄러지듯 빨리 내려오는 것이었다. 마치 무릎 없는 뱀이 스르륵 내려오듯, 아니면 스키라도 타고 내려오듯 계단과 무릎의 존재를 무의미하게 만드는 빠른 발걸음이었다. 그러나 어느 한순간도 콜롬보의 두 발이 계단에서 모두 떨어져 있는 때는 없는 것이다. 그렇게 되는 순간 바로 꼬꾸라지게 되어 있다.

여담이지만, 발바닥이 땅에 닿는 문제는 칭기즈칸의 세계 정복과도 연관이 있다. 러시아 말이 두 발이 모두 땅에서 떨어져 공중에 뜨는 데 반해 몽골 말은 두 발 가운데 하나는 반드시 땅에 닿는다. 이 때문에 러시아 말은 흔들려서 말 위에서 활을 쏠 때 정확성이 떨어지는 반면 몽골 말은 안정적이어서 정확도가 훨씬 높아진다. 몽골 전사들이 활 실력으로 세계를 재패했는데 그 비밀은 바로 말의 두 발이 모두 땅바닥에서 떨어지느냐 아니냐의 문제였던 것이다.

머이브리지가 기여한 것은 단순히 오래된 수수께끼의 정답을 찾은 것만은 아니었다. 발바닥과 관련된 궁금증을 푸는 순간 무릎과 관련된 더 위대한 발견을 하게 된다. 계단 하나에 무릎이 한 번 구부러지는 동작이 연속으로 이어지면서 만들어내는 인체의 역동성을 발견해낸 것이다. 여기에서 파생될 수 있는 주제는 무척 많다. 무엇보다도 인체 동작의 예술성과 관련해서 이전의 신고전주의의 안정(equilibrium) 개념을 탈피해 모더니즘의 역동성(dynamism) 개념을 탄생시켰다. 이 주제는 인체의 이상미와도 관련이 있다. 이전까지 고전주의 세계관에서 인체가 주는 최고의 미는 이상적 비례로 대표되는 정적인 아름다움이었다. 머이브리지는 이것을 깨고 움직이는 역동성이라는 새로운 인체미를 제시했다.

이것을 다른 관점에서 보면 인체미에 시간의 존재를 도입한 것이었다. 고전주의적 비례미에는 시간이 빠져 있었다. 정지된 순간의 고정된 윤곽이 주는 미에 국한되었다. 공간만 있고 시간은 없는 상태였는데 여기에 시간에 따른 궤적을 더함으로써 시간을 핵심 요소로 끌어들인 것이다. 인체의 움직임은 무한소의 시간에 따라 자잘하게 나누어진 동작의 연속 합이라는 발견이었는데 이것은 미분 – 적분의 개념을 예술에

도입한 것으로도 볼 수 있었다. 물론 머이브리지의 시간 개념은 일직선적 진행으로써 아직 입체파의 상대성에는 이르지 못한 절대주의 범위 내에 머물긴 하지만, 이런 발견이 있었기에 이를 바탕으로 다음 단계인 입체파의 상대성 개념으로 발전할 수 있었다. 이런 발견이 가장 잘 드러나는 곳이 당시로서는 계단이었는데, 머이브리지도 계단에 숨어 있는 이런 가능성을 잘 찾아낸 것으로 보인다.

　머이브리지의 발견은 새로운 예술 사조의 탄생에 영향을 끼쳤다. 대표적인 경우가 미래주의, 키네틱 아트였다. 뒤샹의 계단 그림도 같은 경우이다. 현대 건축에서는 해체주의의 배경 가운데 하나로 이어졌다. 이런 사조들은 모두 역동성을 추구한 예술운동들로 계단이 중요한 배경으로 숨어 있다. 계단에 내재된 이동성의 특징을 예술적으로 활용하여 강조한 사조들이다. 사람들은 계단 앞에만 서면 마음이 조급해지고 발걸음이 빨라지는데, 계단에 이동성이 내재되어 있다는 사실을 본능적으로 인식하기 때문이다. 문제는 이것을 어떻게 받아들이느냐인데, 예술적으로 해석해서 승화시키면 이런 사조들로 발전하는 반면, 이동의 효율에만 집착하면 단조롭고 삭막한 계단만 양산해내며 조형 환경을 망가트리고, 궁극적으로는 사람들의 마음속에 조급증만 키우게 된다. 한국 현대사회는 전적으로 후자의 경우에 해당되는데, 우리는 머이브리지의 사진에서 교훈을 찾아낼 수 있어야 한다. 계단이 무릎이라는 인체 구조의 산물이라는 단순한 상식 한 가지로부터 다양한 예술 사조가 탄생할 수 있다는 사실을 명심하며 계단에 대한 우리의 기본 인식을 바꾸어야 한다. 계단은 다양한 예술적 체험을 할 수 있는 즐김의 대상이지 조급증의 대상이 아니기 때문이다.

미래주의 미술의 모티프

미래주의는 1909~1977년경에 이탈리아를 중심으로 유행했던 사조로 새로운 기계문명의 도래를 직설적으로 찬양하는 경향을 대표적 특징으로 보였다. 회화에서는 자동차가 가져온 기계력의 스피드를 역동적으로 표현한 점, 조각에서는 하나의 인체에 여러 동작을 동시에 실어낸 점, 건축에서는 대도시 고층 건물에 계단형 모티프가 유난히 많이 쓰인 점 등이 머이브리지의 발견에서 영향을 받은 대표적 내용이다. 이런 경향을 보여주는 대표적 예술가로 마레(Etienne – Jules Marey)와 보초니(Umberto Boccioni)를 들 수 있다.

마레는 머이브리지와 같은 시기에 사진기를 가지고 동일한 작업을 했는데 머이브리지와 달리 사진에만 머물지 않고 자신이 사진에서

1-14
에티엔-쥘 마레, 〈갈매기의 비상〉, 1887년

발견한 내용을 조각 작품으로까지 발전시켰다. 〈갈매기의 비상(The Flight of a Gull)〉(1887년)은 대표작으로 말 그대로 갈매기가 나는 동작을 하나의 조각에 연속 형태의 합으로 표현한 것이다.[1-14] 사진 내용에서도 마레는 계단을 오르내리는 사람이 아니라 뛰는 사람을 촬영했고 그 궤적만 따로 떼어서 기록해보는 등 역동성을 예술적으로 활용하려는 의도를 더 강하게 드러냈다. 마레의 궤적 추출 작업은 키네틱 아트에 결정적 영향을 끼쳤다.

보초니의 〈공간 속 연속성의 특이형태(Unique Form of Continuity in Space)〉(1913년)라는 조각 작품도 좋은 예이다.[1-15] 이 작품은 인체 동작을 정지된 상태로 본 것이 아니라 움직임의 연속으로 보고 그 연속을 합해 하나의 인체에 실어낸 점에서 머이브리지의 발견을 조각으로 옮겨놓은 것으로 볼 수 있

1-15
움베르토 보초니, 〈공간 속 연속성의 특이형태〉, 1913년

1-16
마르셀 뒤샹, 〈계단에서 내려오는 누드 no.2〉, 1912년

1-17
엘리어트 엘리서펀, 〈계단을 내려오는 마르셀 뒤샹〉, 1952년

다. 이 작품은 분명히 늘씬한 팔등신 비례를 육체적 이상미로 제시했던 고전주의의 인체관에서 벗어난 역동성을 새로운 이상미로 제시한 것이었다.

보초니의 작품을 연속 동작으로 풀어놓은 것이 뒤샹(Marcel Duchamp)의 〈계단에서 내려오는 누드 no.2(Nude Descending a Staircase no.2)〉(1912년)라는 작품이다.[1-16] 뒤샹의 이 작품은 미래주의로 분류되기도 하나 그의 대표 사조인 다다로 볼 경우 앞의 예들과 차이도 있다. 뒤샹은 이 작품에서 머이브리지의 사진에 나타난 시간적 세 존재인 '뒤(과거) - 중간(현재) - 앞(미래)'이 끊이지 않고 하나로 이어진 한 존재인지, 아니면 각 존재 사이에 단절이 있는지에 대한 질문을 던지는 것으로 해석할 수 있다. 이 질문은 제노의 화살, 미적분, 무한대와 무리수의 개념 등 시공

49

간과 관련한 다양한 주제와 연관성을 갖는데, 답은 이상론과 단절론의 두 가지로 나눌 수 있다. 머이브리지, 마레, 보초니 등은 비록 역동성이라는 새로운 개념을 들고 나오긴 했으나 이 세 존재는 하나로 이어졌다는 주장을 하고 있으며, 이런 점에서 아직은 전통적인 이상론을 완전히 벗어나지 못했다.

반면 뒤샹은 단절론을 주장함으로써 미적분 중심의 연속적 시공간 개념에 반기를 들었다. 이것을 확장하면 사람이 인지하는 시간은 단절된 조각들의 귀납적 합일 뿐이며 인간의 조형 환경을 구성하는 공간은 분절 없는 매끄러운 연속체가 아니라는 주장으로 발전하게 된다. 이런 주장은 약 75년 뒤 현대 건축에서 해체주의가 탄생하는 데 중요한 배경이 된다. 뒤샹에 대한 이런 해석은 그의 작품을 패러디한 엘리서폰(Eliot Elisofon)의 〈계단을 내려오는 마르셀 뒤샹(Marcel Duchamp descending a staircase)〉(1952)이라는 사진 작품을 보면 명확해진다.[1-17] 이 작품은 뒤샹의 작품에 누드 대신 뒤샹 자신을 집어넣은 뒤 머이브리지의 연속 사진으로 제시한 것인데 중첩과 연속 사이의 규칙성을 흐트러트린 점에서 머이브리지의 인체와 차이를 보인다.

머이브리지의 사진을 조금 다른 각도에서 보면 계단을 오르내리는 동작이 아주 정밀한 균형을 필요로 하는 고차원적 동작임을 알게 된다. 이런 발견은 우리에게 계단과 관련된 주제 가운데 '안전사고의 원인'이라는 진부하면서도 중요한 교훈 한 가지를 준다. 계단을 기능적 도구로만 봐서 급하게 오르내리는 것이 사고의 주요 원인이라는 사실이다. 이런 사실은 통계 수치와도 일치한다. 아무리 계단을 반듯한 동일 요소를 반복해서 만들고 미끄럼 방지 같은 각종 안전장치를 더하더라도 계단을 바라보는 사람의 마음가짐이 물질주의적 효율에서 벗어나지 않는 한 사고는 줄지 않게 되어 있다. 산업화 시대에 계단과 관련한 각종 안전장치가 만들어지고 이것을 건축 법규로 만들어서 강제적으로 이행하고 있지만 계단에서의 안전사고는 오히려 늘고 있는 추세이다. 이유는 간단하다. 머이브리지의 연속 사진을 보면 명확해진다. 계단을 오르내리는 인체의 동작이 이렇게 정밀하고 역동적인 것이기 때문에 계단을 빨리 주파하려는 기능적 강박관념에 사로잡혀 있는 한 안전사고의 위험은 늘 수밖에 없다.

　머이브리지의 사진에서 이렇게 다양한 주제가 파생될 수 있는 것은 분명 그가 사진기만의 기계적 장점을 잘 파악해서 제시했기 때문일 것이다. 사진기가 처음 발명되었을 때 사람들은 이것이 사람의 눈을 기계로 옮긴 것이라고, 즉 둘은 같은 작용을 한다고 생각했지만 머이브리지는 달랐다. 그는 두 기관의 차이를 정확히 꿰뚫었다. 사람의 눈은 보는 기관이고 사진기는 기록하는 기관이라는 차이였다. 눈의 시신경이 잡아내는 잔상은 눈을 깜빡이지 않는 한 얼마든지 이어진다. 그러나 기록은 되지 않는다. 반면 사진기는 셔터가 열리는 한순간만 잔상을 잡아내지만 이것을 기록한다. 이렇게 보면 두 기관의 작동 메커니즘은 같은 것이 아니라 오히려 반대이다. 사람의 눈이 잡아내지 못한 시간의 개념과 이것이 개입된 새로운 역동성의 개념을 사진기라는 새로운 기계가 정의해낸 것이다.

　이렇게 보면 계단은 무릎 동작의 궤적을 연속으로 기록한 그래프 개념으로 정의할 수 있다. 그래프란 인간사의 작동 패턴을 단순하게 정리해서 유형화한 것이다. 세상에는 다양한 인간사를 단순한 법칙으로 정리해주는 여러 종류의 그래프들이 있다. 예를 들어 자동차의 고장률은 'U'자형, 경제의 장기 침체는 'L'자형 등이다. 계단형도 중요한 그래프 유형 가운데 하나로서, 등급이 연속으로 형성되지 않고 단계별로 나타나는 패턴이다. 계단형은 '전부 아니면 전무' 식 패턴인데, 이것에 해당되는 인간사에서 등급 하나를 올리기 위해 에너지를 집중적으로 투자해야 된다. 총합은 단순 합과 같아지지 않는다. 계단 한 단의 높이보다 점프력이 낮은 개구리가 백 번을 점프했을 때 그 기록을 다 합해도 결코 계단 한 단을 오르지 못하는 것과 같은 이치다. 전통 시대의 계급사회도 이와 비슷한 구조이다. 외국어 습득이나 생리학 실험 같은 인간의 육체 반응이나 인지 반응 등도 좋은 예이다. 경사 지형을 오르내리는 길이 하필 계단형으로 나타난 것은 이것이 인간의 반응 패턴과 같기 때문으로 볼 수도 있다.

2장

초월적 존재를 이어주다

—

고대 오리엔드

03 계단에 내재한 수직 욕망

계단의 초보적 완성을 이루면서 인류는 욕망이 싹트기 시작했다. 원래 인간의 욕망이란 가지면 가질수록 더 갖고 싶어지는 법인데 계단도 마찬가지였다. 계단을 한 단 두 단 쌓다보니 수직 욕망이 개입했다. 이것은 쾰러의 침팬지 실험에서도 드러난 바 있다. 말 못하는 침팬지조차 몇 번 쌓다보니 4층 높이까지 쌓게 되었는데 하물며 욕망 덩어리인 인간은 더 말할 필요도 없었다. 일부 인류학자는 인류가 문명 활동을 시작한 분기점, 즉 선사시대와 역사시대를 가르는 분기점을 수직성으로 보기도 한다. 수직성에 대한 인식이 싹트고 수직성이 출현하면서 문명 활동이 시작되었다는 것이다.

이 주장에는 반론도 있지만 일면 타당해 보인다. 수직성에 대한 인식이 싹텄다는 것은 바꿔 말하면 욕망이 개입했다는 것이고, 욕망을 만족시키기 위해 여러 노력을 하다보니 기술이 탄생하고 문명이 발전했음을 상상해볼 수 있다. 계단은 이런 노력 가운데 중요한 항목이었다. 수직성은 인간의 욕망과 동의어일 수 있으며, 이런 수직성을 직접적으로 만족시켜주는 핵심 매개체가 계단이었기 때문이다. 그렇다면 왜 수직성이 인간 욕망과 동의어일까? 여러 측면에서 그렇다.

2-1
대홍수 때 노아의 방주가 물이 빠지기를 기다리며 대기했다는 아라랏산의 모습을 그린 판화 일러스트. 19세기 세밀화가 구스타브 도레의 작품이다.

먼저, 가장 원초적인 본능인 경쟁심을 만족시켜주는 개념이다. 인류는 원시시대의 척박한 환경에서 오랜 시간 생활하는 과정에서 남보다 높은 곳을 차지하는 것이 곧 경쟁에서 승리하는 것임을 깨닫게 되었다. 이 문제는 죽느냐 사느냐를 결정하는 지극히 중요한 사항이었기 때문에 본능으로 고착화되면서 항시적 중요성을 갖게 되었다.[2-1] 유전 요소로 자리 잡았다고 봐도 좋을 정도이다. 전통 계급사회에서 민주주의와 자본주의 사회를 거치는 인류의 전 역사를 통틀어 이런 본능은 한 번도 사라진 적이 없으며, 결국 높은 곳을 차지하는 것이 출세와 성공을 의미한다는 인간 사회의 보편적 진리로 자리 잡았다.

다음으로, 이런 본능이 집단화되면서 제일 먼저 형성된 문명이 고

2-2
데커의 바빌론과 바벨탑 전경 판화, 1670년경

대의 정치권력과 종교였다. 높은 곳은 곧 정치적 힘을 상징했다. 늘 높은 곳을 차지해서 생존의 안전을 확보해주는 전쟁 지도자에게 사람들은 정치적 권력을 몰아주었으며. 지도자들은 거꾸로 높은 수직 구조물을 쌓아서 자신들의 권력 기반을 탄탄히 다지는 수단으로 이용했다. 계단은 이런 구조물 외관에 그 모습을 당당히 드러내며 정치권력을 상징하는 아이콘이 되었다.[2-2]

종교와 정치가 긴밀히 협력하며 하나로 작동하던 고대에 정치권력에 내재된 가치는 동시에 종교적 가치이기도 했다. 오르기 불가능해 보이는 곳에 도달할 수 있다는 것은 세속적 힘을 넘어서 초월성을 갖는 것으로까지 발전했다. 신의 영역으로 들어선다는 뜻이었다. 정치 지도자들은 이것을 자신의 능력과 연관시키려 애썼다. 그들은 종종 자신들의 권력 기반을 합리화하기 위해 스스로를 신이 내린 특별한 인물로 포장했는데 이 과정에서 종교적 힘이 동원되었다. 정치 이데올로기는 종교 이데올로기가 되었다. 정치권력의 아이콘이었던 계단은 종교적 아이콘이기도 했다.

하늘과 수직 이동

다른 한편 계단이 종교적 아이콘이라는 사실은 반드시 정치권력과 연관시키지 않더라도 성립될 수 있는 등식이다. 이것 역시 인간의 본능 가운데 하나일 수 있다. 사람들은 누구나 종교심이라고 하는 절대적 힘에 의지하려는 본능을 갖는다. 이때 절대적 힘을 구체적으로 형식화할 필요성이 생기는데 '하늘'이라는 개념이 그것이다. 하늘을 우러러본다는 뜻인 '앙천'은 많은 종교에서 핵심 개념이다. 하늘은 다시 수직성과 동의어가 된다. 높은 장소는 지구 중력을 극복하고 궁극적으로는 땅 위의 세속사를 초월하는 상징성을 획득함으로써 성스러운 공간으로 인식되었다. 물리적 구조물을 축조하는 건축에서는 특히 그렇다.

  하늘이라는 개념은 종교적으로는 여러 상태로 정의된다. 영적인 상태와의 교감 같은 정신세계로 존재하는 것이 제일 보편적이라 할 수 있다. 좀 더 적극적인 개념으로 승천(ascension)과 비상(flight)을 들 수 있다. 종교에서 하늘은 신들이 거주하는 성의 세계인데 승천은 이곳으로 가는 여행의 의미를 갖는다. 종교마다 승천의 다양한 방식이 있다. 산이나 나무 같은 자연물, 사다리나 탑 같은 인공 구조물, 밧줄이나 거미줄 같은 줄 요소, 천사의 날개 같은 종교적 요소 등이 대표적인 예들

2-3
라파엘로 공방이 바티칸 로지아에 그린 벽화 가운데 하나로 《구약성경》〈출애굽기〉에 나오는 모세 이야기를 소재로 하고 있다. 모세가 하나님을 만나 출애굽의 특명과 십계명을 받았다는 모세 산을 배경으로 한다.

이다.2-3

    승천은 지상과 하늘 사이를 중개하는 능력이 부여된 성직자만이 할 수 있다는 믿음에서 수련에 의해 누구나 도달할 수 있다는 믿음까지 폭이 넓은 편이다. 가장 보편적인 승천은 '망아(忘我, ecstasy)'로 그리스와 헬레니즘 종교에 널리 퍼져 있었으며 불교와 샤머니즘 등에서도 통용되는 개념이다. 불교의 해탈이 좋은 예이다. 그리스의 영지주의는 망아를 중요한 기반으로 삼는 대표적 종교로 사람의 영적 힘에 의해 하늘 일을 알 수 있다고 믿는다. 영지주의를 이단으로 보는 기독교에서는 승천은 믿음에 의해 성령의 인도를 받아야만 가능한데 이것을 실행하는 종교적 매개가 천사, 더 구체적으로는 천사의 날개이다. 〈계시록〉을 통한 구원 개념도 기독교에서 승천의 대표적 내용이다. 십자가에 못 박혀 죽은 예수가 하나님 오른편으로 올라간 것도 또 다른 좋은 예인데, 예수의 승천은 대문자를 써서 'Ascension'로 고유명사화한다.

이때 이런 승천이 일어나는 구체적 행위가 비상이다. 비상은 그리스의 이카로스(Icarus : 하늘 높이 날다 햇빛에 날개를 붙인 밀랍이 녹아 에게 해에 떨어졌다는 그리스 신화에 나오는 인물)나 인도 베단타 철학의 하늘을 나는 고행 수도자의 얘기 등에서 알 수 있듯이, 중요한 신화적 요소이다. 라스코 동굴 그림에 이미 날개 달린 사람이 등장하며, 도가의 제사에서는 제사장이 날개 달린 옷을 입는다. 여러 종교에서 제단을 계단이나 기단 위에 놓아 땅보다 높은 곳에 올려놓는 전통도 고대 문명권에서 비상의 염원을 보여주는 예이다. 기독교에서는 성경에 자주 등장하는 천사 관련 부분들이 여기에 해당된다.

비상은 세 종류로 나눌 수 있다. 첫째, 속세 내에서의 자율적 비상으로 공중부양이 대표적 예이다. 둘째, 속세 내에서 의존적 비상으로 신화 속 영웅의 탈출 구도가 대표적 예이다. 신의 계시를 받은 새나 성령 등 초월적 존재에 의해 들어올려지는 경우이나 여전히 속세 내에 머문다. 셋째, 초월 세계로의 비상으로 존재론적 지위에 변화가 수반되는 경우이다. 수직 이동을 통한 시간의 초월, 믿음에 대한 보상으로 주어지는

2-4
미켈란젤로, 〈최후의 심판〉, 1536~1541년

기독교의 구원, 예수의 부활, 심판에 의해 구원 받을 자가 들어올려지는 날이 역사의 마지막이라는 〈계시록〉의 최후의 심판과 휴거, 하늘과 땅을 이어주는 매개인 천사와 날개의 개념 등이 대표적인 예이다.[24]

'우주론적 산'을 건축적으로 형식화하다

이상과 같은 하늘의 의미를 건축적으로 풀어보면 '수직 공간을 통한 이동'이 된다. 이것을 가능하게 해주는 일차적 인공 구조물이 계단이며 상징적 건물로 발전한 것이 탑이다. 이런 유추관계는 계단의 사전적 정의인 "발걸음의 수직 이동 수단(flight of steps)"에 '난다'라는 뜻의 'flight'가 들어 있는 데에서도 알 수 있다. 결국 건축에서 하늘은 높은 수직 구조물로 구체화되는데 하늘에 조금이라도 가까이 가기 위해서는 사람을 높이 올려놓아야 하기 때문이다. 다소 유치한 상징일 수 있는데 적어도 고대 종교에서는 그랬다. 계단은 하늘로 오르는 발걸음을 인도하는 매개였다. 고대 사람들은 10층 정도의 높이만 걸어서 올라갈 수 있어도 하늘과 가까워진다고 받아들였다. 계단은 그 핵심에 있었다. 고대에 하늘로 오르는 수직 구조물을 짓는 일은 곧 계단을 쌓는 일이었다.

계단을 종교적으로 해석해보면 '세계의 축(axis mundi)을 인공 형식으로 구체화한 구조물'로 정의할 수 있다. '세계의 축'은 우주의 중심으로서 태초의 창조가 시작된 곳이란 의미를 갖는다. 여러 종교에 걸쳐 가장 공통적으로 나타나는 것은 '우주론적 산(cosmic mountain)' 개념의 수직 장소이다. 산은 세상 속 성소의 중심지, 즉 하늘이 현세 속에 형상화된 장소로서 하늘과 땅을 이어주는 가교로 믿어졌다. 실제로 산은 종교에 가장 많이 등장하는 수직 장소이며 점증적 구도로 이루어져 제일 꼭대기에 신이 사는 것으로 믿어졌다. 신성성을 획득할 경우 나무도 또 다른 좋은 예이다. 산과 나무는 추상적 개념인 하늘을 눈에 보이는 자연의 수직 상태로 환원한 것이다.

신들이 사는 곳으로 인식되는 훌륭한 좋은 산의 예는 많다. 그리스 신들이 몰려 산다고 믿었던 올림포스 산, 모세가 올랐던 시나이 산, 신선과 요귀가 산다는 히말라야 등이 대표적 예이며, 티베트 불교에서는 히말라야 북쪽에 13만 5,000킬로미터 높이의 메루 산이 있다는 전설이 내려온다. 계단과 관련해서는 중국의 태산(泰山, 타이 산)이 으뜸이다. 이 산은 우리에게도 낯익은 산으로, 양사언의 시, "태산이 높다 하되 하늘 아래 뫼이로다."에 등장하는 그 태산이다. 좀 더 보편화하면 큰 것을 과장할 때 쓰는 단어인 '태산 같다'의 태산도 그 태산이다. 공자와도 연관이 있어서 35세 때 노나라를 빠져나와 제나라를 찾아가던 여정에서 지름길을 놔두고 일부러 먼 길을 돌아 들른 곳이다. 이 여정에서 도탄에 빠진 백성을 만나 "가혹한 정치는 호랑이보다 무섭다."라는 명언을 남기게 되며, 태산에 올라서는 "세상이 작다."라고 일성했다. 마오쩌둥도 이 산을 올랐는데 동쪽에서 솟아오르는 해를 보며 "세상이 온통 붉다."라고 했다.

태산은 중국 역사에서 종교적으로 중요할 뿐 아니라 계단과 관련해서는 더더욱 빠질 수 없는 중요한 예이다. 1,545미터에 이르는 높이에 걸쳐 정상까지 계단을 놓았는데 그 수가 무려 7,412개에 이른다.[2-5] 이를 건물로 환산하면 300층이 넘는 높이다. 엠파이어스테이트 빌딩 계단 오르기 시합도 열린다지만 태산의 계단은 이것을 세 개 쌓아놓은 것에 해당된다. 단일 계단으로는 지구에서 가장 길고 높은 계단일 것이

2-5
태산으로 오르는 계단 전경

다. 이런 계단은 하늘로 오르는 길이라는 전형적인 종교적 의미를 갖는다. 태산이 고대에는 하늘의 황제인 옥황상제의 아들이 현화(現化)한 것으로 믿어졌다. 종교로 보면 도교의 5대 명산 가운데 으뜸으로 22개의 도교 사원이 들어 있으며, 불교에서도 중요하게 여겨 많은 사찰이 있다. 이외에도 97개의 폐허지, 819개의 석판, 1,018개의 묘비, 1,018개의 절벽과 명각(銘刻) 등이 있다. 도교에서는 신선이 사는 신성한 산으로 여겼으며, 태산을 오르면 하늘의 기운을 받아 영원한 생명을 얻는다는 민간신앙이 일반인들 사이에 널리 퍼져 있다.

역사적으로는 역대의 제왕들이 정상에 올라 태평세계의 실현을 신에게 보고하는 봉신(봉선) 의식을 거행하던 곳으로, 진시황도 최초로 천하를 통일하고 올라 이 의식을 행했으며, 한 무제와 당 현종 등도 태산을 오른 대표적 황제였다. 산 자체가 웅장하면서도 기묘할 뿐 아니라 중간에 여러 시설을 거느리고 있는데, 계단은 이 사이를 관통하며 정상까지 이어진다. 세계의 축 개념으로 정의되는 명산들은 세계적으로 많지만 정상까지 7,412개의 계단을 놓은 곳은 이곳 태산이 유일하다. 계단은 일천문에서 시작해서 정상의 사원인 벽하사(碧霞祠 : 옥황상제를 모신 신전)까지 이어지는데 새로 놓은 것이 아니라 돌바닥을 파서 만든 것이다. 중간에 중천문, 남천문, 대송정 등의 시설을 거치게 된다. 주요 시설 이름에 모두 하늘 '天' 자가 들어 있는 것으로 보아 이 계단이 하늘에 오르는 종교적 여정임을 알 수 있다.

'하늘 - 세계의 축 - 산'으로 이어지는 수직에 대한 종교적 상징 구도는 마지막으로 인공 구조물로 구체화된다. '우주론적 산'으로 대표되는 수직 장소는 중력이라는 세속의 일을 극복하는 능력을 내포하기 때문에 신성한 곳으로 여겨지는데 계단은 이곳으로 올라가는 인공적 수단이다. 계단은 더 이상 물리적 구조물이 아니라 종교적 의미를 띠는 신성한 장소가 된다.[2-6] 시시포스의 신화에서 보듯 중력 자체가 세속적 고행일 수 있는데 이것을 극복하고 나타난 결과적 장면은 종교적 의미를 획득하게 된다. 계단의 원시적 형태인 사다리나 밧줄 등도 수직 장소로 오르는 수단이다.

'인공적 산'을 형식화한 탑

단일 부재인 계단이 건축물로 더 발전한 것이 탑이다. 탑은 '인공적 산'의 개념으로 지어졌기 때문에 산에 내재된 종교적 의미를 상징적으

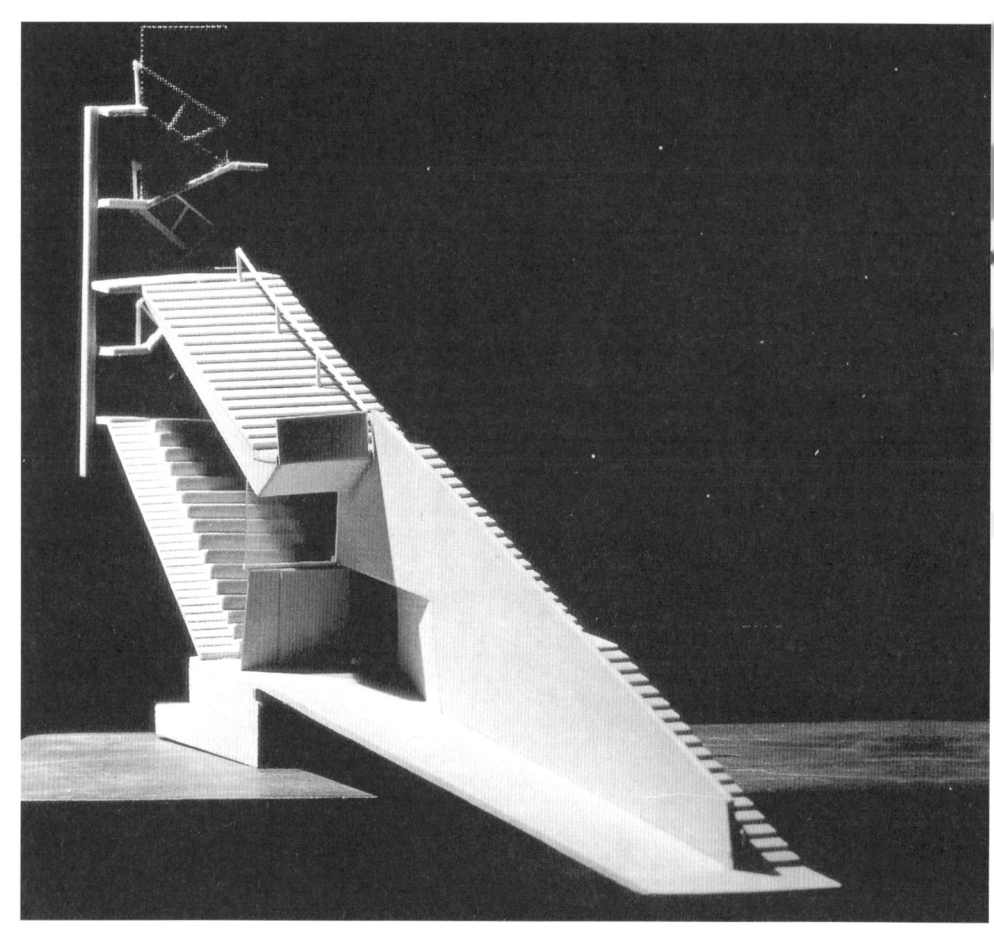

2-6
스미스-밀러 & 호킨슨, 신 입구 안마당

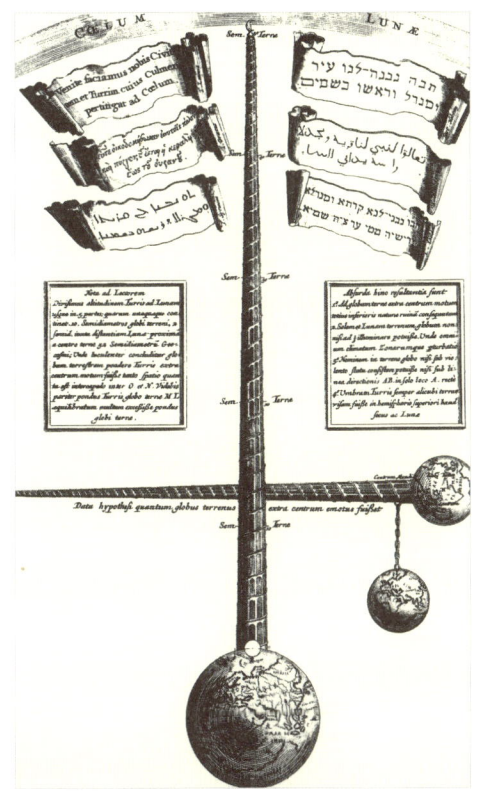

2-7 키르커의 바벨탑 그림, 17세기. 하늘에 닿으려는 욕망을 표현하고 있다.

로 승계할 수 있다. 탑의 건축적 구조는 '세계의 축'이 갖는 점증 구도와도 일치한다. 고대 문명에는 탑의 종교성을 강조하기 위해 거석 구조로 많이 지었는데 바벨탑이나 피라미드, 지구라트 등이 대표적 예이다. 거석 구조란 곧 수직 높이이기 때문에 높이 지을수록 '우주론적 산'에 가까워진다고 믿었다. 따라서 이런 구조물에서 수직성은 곧 종교성이었다.2-7 형태적으로 보면 대부분 사각뿔을 기본 형태로 삼아 산의 형상을 옮겨놓은 모습을 했다. 수직성은 단순한 수치 이상의 고대 신화나 신앙 구도를 담고 있었다. 동양의 힌두교나 불교에서는 물리적 높이보다는 상징성을 더 강조해서 탑파나 스투파 같은 소규모 탑 구조물을 세웠다. 고대에는 종교적 의미를 갖는 수직 거석 구조물을 도시 중심부에 세워서 공공 영역을 이루었으며 바벨탑이 대표적인 예이다.

탑의 건축적 구도는 '사각뿔+계단'으로 요약될 수 있는데, 이 둘은 종교적으로 중요한 의미를 갖는다. 사각뿔의 의미는 방향성이다. 탑의 각 면은 우주를 구성하는 여러 지역에 대응된다. 이런 면들이 감겨 올라가거나 수직 중첩된 탑 구조는 우주론적 지역들이 교차하는 구도를 상징한다. 이는 곧 지상 사방을 상대한다는 뜻이며, 좀 더 현실적으로 해석하면 현실 속 대립과 갈등을 조절해서 다양한 존재를 하나로 통합하는 기능을 갖는다. 계단의 의미는 오름이다. 서로 교차하는 여러 우주론적 지역으로의 접근을 한 곳으로 모아서 시작하는 출발점이며, 이를 거쳐 영적인 상태나 초월적 존재로 진입하는 통로로 정의된다. '출발점'이나 '통로'는 모두 적극적 이동과 극적인 전위(轉位)를 내포한 개념인데 계단이 갖는 동적 이미지와 잘 부합한다.

이상에서 파생될 수 있는 중요한 개념이 기본방위이다. 기본방위는 다소 모호한 탑의 방향성을 정리해서 핵심을 간추린 개념이다. 기본방위는 낮은 단계에서는 동서남북을 의미하는 것이 보통이나 더 복잡한 상징 구도를 띠는 경우도 많다. 불교의 만다라는 기본방위를 종교적 세계관에 대응시킨 대표적인 예이다. 만다라에서 기본방위는 단 겹으로 끝나지 않고 동심원 구도와 함께 나타나는데 이는 기독교에서도 종종 사용되는 세계관 구도이다. 이런 기본방위 개념 자체가 계단의 종교적 의미와 연관성이 깊다. 동심원 구도란 단계론을 형식화한 것인데 단

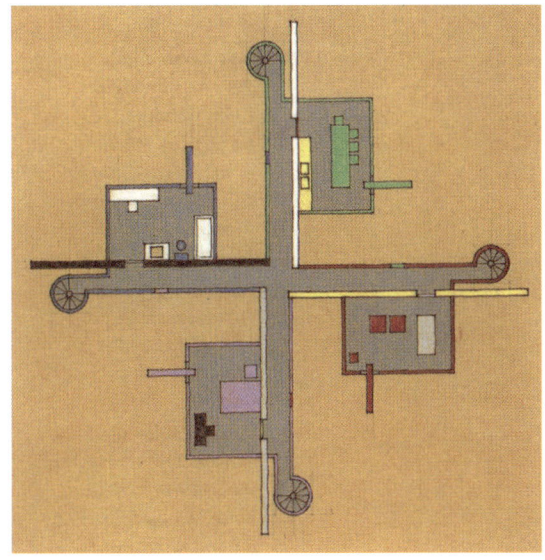

2-8
존 헤이덕, 북동남서 주택

계론은 종착점을 향한 수직 위계와 동의어이기 때문에 불교와 기독교를 비롯하여 여러 종교에서 공통적으로 나타나는 보편적 구도이다.

　현대 건축가들 가운데에는 기본방위를 건축적 모티프로 활용하는 경우가 제법 되며 기본방위가 갖는 위계적 질서를 강조하기 위해 네 방향에 계단을 대응시키는 경우도 많다. 헤이덕(John Hejduk)의 북동남서 주택(North East South West House)에서는 두 장의 벽이 십자 방향으로 교차하면서 영역을 넷으로 나누는데 기본방위에 대응되는 각 영역에 주택을 한 채씩 배정했다.[2-8] 각 주택의 끄트머리에는 나선형 계단을 하나씩 설치해서 기본방위에 계단을 대응시키고 있다. 영역을 구획하는 벽을 길게 늘어뜨려 다른 영역이 보이지 않게 함으로써 기본방위에 대한 집중도를 높였다.

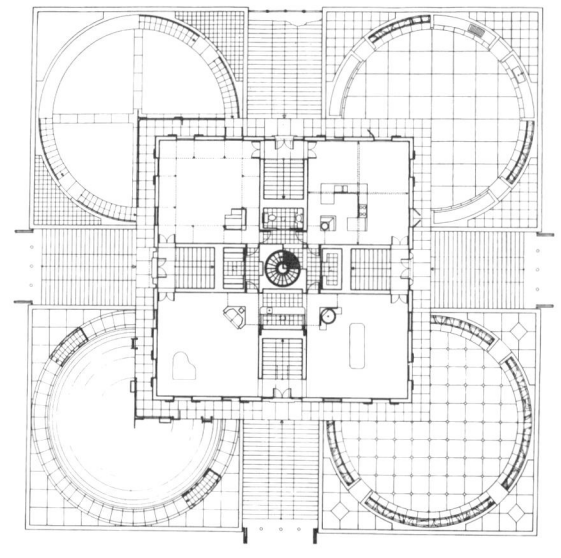

2-9
마차도 앤 실베티, 피드먼트 컨트리 하우스, 미국 버지니아, 1977년

　헤이덕은 물질 중심의 현대 문명에서 인간 중심의 영역을 정의하고 이를 바탕으로 주택에 담긴 존재론적 의미를 찾아내려는 시도를 하는 건축가인데, 기본방위에 대응시킨 계단은 이런 그의 전략에서 중요한 부분을 차지한다. 헤이덕의 주택에서 사람들은 계단을 오르내릴 때마다 지구 위에 자신들의 좌표 위치를 정의할 수 있으며, 나아가 그 속에 담긴 앞과 같은 종교적 의미도 부활시킬 수 있다. 물론 이를 위해서는 그에 합당한 지식과 이를 즐길 수 있는 마음의 준비가 되어 있어야 한다. 계단은 그렇게 단순한 기능적 도구가 아니기 때문이다.

　마차도 앤 실베티(Machado & Silvetti)의 피드먼트 컨트리 하우스(Piedmont Country House)에서는 기본방위가 건물의 중심 구도를 이루고 있으며, 계단을 이용해서 이것을 명확히 강조하고 있다. 전체 윤곽은 큰 정사각형으로 구성되며 여기에 세 번의 정사각형 분할을 연달아 적용시켜 안으로 잘라 들어가면서 세부 구성이 짜인다.[2-9] 제일 먼저 큰 정사각형의 중심을 십자 축이 자르면서 동서남북 네 모서리에 작은 정사각형 영역들이 만들어진다. 큰 정사각형의 중심 초점에는 작은 정사각형 영역이 추가로 더해지며 이것 역시 큰 정사각형과 동일하게 십자 축으로 분할되면서 더 작은 정사각형 네 개의 영역이 만들어진다. 큰 정사각형의 십자 축과 중앙의 작은 정사각형의 십자 축은 같은 방향으로 중복되는데 이 부분을 계단으로 처리했다. 그 결과 동서남북 네 방위에 강한 계단 축이 대응되면서 건물의 등뼈를 이룬다.

계단의 중심 초점이 산의 정상을 이루는 피라미드 구조인데 등뼈 계단은 동서남북 네 방위에서 이 산을 오르는 하늘 길로 읽힌다. 계단은 큰 정사각형에서 작은 정사각형으로 영역이 바뀌면서 폭이 줄어드는데 이런 처리는 거리에 따른 원근감을 강조하게 된다. 이는 정상을 향한 오름의 집중도를 높이며 궁극적으로는 기본방위를 기준으로 한 대칭 구도의 정형적 질서를 공고히 한다. 마차도 앤 실베티 역시 헤이덕과 마찬가지로 기본방위에 대응시킨 계단을 이용해서 인간의 존재론적 공간을 정의하려는 건축가이다. 중요한 차이도 있는데 헤이덕은 기하학적 구성을 바탕으로 원심적 구도를 주로 사용함으로써 정형성과 역동성 사이의 통합 상태를 추구한다. 반면 마차도 앤 실베티는 유럽의 고전주의를 배경으로 역사적 분위기가 강한 특징을 보인다. 이 주택에 나타난 십자 축에 의한 수직 대칭 구도도 피라미드를 역사적 선례로 삼아 응용한 것으로 볼 수 있다.

04 하늘에 이르는 길

인류 문명에 등장하는 탑은 '우주론적 산'이 갖는 종교적 의미인 세상 내 성소의 중심지와 하늘과 땅을 이어주는 가교의 기능을 그대로 승계한다. 한마디로 하늘에 이르는 길이라는 뜻이다. '하늘'이라는 개념이 인간의 수직 욕망을 종교적으로 형식화한 것이라고 볼 때 탑은 이런 수직 욕망을 가장 잘 보여주는 구조물이다. 단층 주거가 대부분이었던 고대에는 특히 그렇다. 주변의 낮은 건물이나 사막 같은 평지를 뚫고 하늘을 향해 솟구친 고대 탑은 두드러져 보인다는 이유 하나만으로 수직 욕망을 만족시키기에 충분했다.

여기에 신화적 구도까지 더하게 되면 '태고의 토루(土壘)'의 의미로 귀결된다. 종교학적으로 볼 때 천지창조 때 심연의 어둠을 뚫고 솟아올라 모든 생명이 이곳에서 생겨났다는 구도이다.[2-10] 생명의 탄생과 세상의 분화의 원천에 해당되는 존재론적 초기 조건의 의미도 갖는다. 원래 하나였던 땅과 하늘이 분리되면서 천지가 창조되었는데 이것을 다시 하나로 이어보려는 인간적 노력과 욕망이 실현되어 나타난 구조물이 탑이라는 뜻이다. 이때 땅 위 인간 세상은 유한함이 지배하고 죽음을 피할 수 없는 곳이기 때문에 하늘과 이어짐으로써 영원과 무한의

2-10
라이문트 아브라함, 방이 없는 집, 1974년

세계로 들어가려는 의지가 발현되고, 이것이 일반론적 의미에서 종교의 출발점을 이루는데, 탑은 이것을 물리적 구조물로 구체화한 건축 형식이다. 탑을 짓고 그 위에 오름으로써 속세의 한계를 극복하고 우주의 중심에 존재할 수 있다는 믿음이다.

고대 문명의 3대 거석 탑 구조물은 지구라트, 바벨탑, 피라미드이다. 셋은 고대 근동과 이집트에 이르는 오리엔트 지역에 비슷한 시기에 서로 영향을 주고받으면서 형성되었다. 지역과 시대 상황에 따라 최종 모습은 다르게 나타났지만 기본 개념은 모두 탑 구조물로서 같은 종에 속한다. 특히 바벨탑과 지구라트는 사실상 동의어로 봐도 좋을 정도로 동일한 의미를 가졌다. 둘 모두 고대 근동 문명에서 하늘과 관련한 종교 구조물인데, 지구라트가 좀 더 기본적이고 일반론적인 건축 형식을 지칭하며, 바벨탑은 이것이 탑이라는 특정 구조물로 구체화된 것으로 볼 수 있다. 지구라트에 나타난 고대 근동의 종교적 의미에 대해서 먼저 간단히 살펴보자.

지구라트, 달의 신을 모시는 신방

지구라트는 고대 근동 지역에 기원전 2500년경에서 기원전 600년경까지 세워진 벽돌 수직 구조물을 일컫는다. 기능에 대해서는 이견이 있는데 정상부에 보통 신전이 위치하는 것으로 보아 종교 구조물이었을 것이다. 고대 근동의 주요 도시들에 하나씩 지어졌으며, 우르와 우루크, 코르사바드, 아카르쿠프, 틸바르십 등이 대표적 예이다. 높이는 편차가 컸는데 형태심리학적으로 볼 때 17미터 정도를 넘어서면 사람들 마음에 종교심이 발동하기 시작하는 것으로 볼 수 있다. 보존 상태가 가장 좋은 우르의 지구라트는 21미터, 현존하는 가장 높은 지구라트는 아카르쿠프의 것으로 57미터이다.

종교적으로 보면 지구라트는 전형적인 '우주론적 산'에 해당된다. 건축적 관건도 수직성에 수반되는 앙천의 기능이었다. 실제로 'ziggurat'라는 단어는 아시리아 어로 '산 정상'을 뜻하며 우르의 지구라트를 언뜻 보면 산처럼 보인다.[2-11] 재료도 이 일대에서 나오는 진흙을 햇볕에 구워 만든 벽돌이기 때문에 색이나 전체적 분위기가 주변 지형과 구별이 안 간다. 따라서 지구라트는 '우주론적 산을 인공 구조물로 축조해서 지상과 하늘을 이으려는 사다리'로 정의할 수 있다.

이런 해석은 지구라트에 붙은 별명에서 확인된다. 라르사에 있는 지구라트는 '성스러운 하늘로 가는 계단(Stairway-to-Holy-Heaven)'으로 불렸다. 고대 근동의 종교와 결부지어 좀 세부적으로 보면 달의 신을 모시는 장소였다. 고대 근동 종교에서 신의 체계는 좀 복잡했는데 창조주로서의 하늘 신인 안(An)이 중심에 있었고, 그 아들인 엔릴(Enlil)이 모든 신을 다스렸다. 엔릴의 첫째 아들이 달의 신인 난나(Nanna), 둘째 아들이 태양의 신인 우투(Utu)였다. 난나는 우르의 수호신이었는데, 우르의 지구라트는 이 달의 신에게 봉헌된 장소였다.

고고학자 울리(C. Leonard Woolley)는 1922~1934년에 우르를 발굴했는데, 지구라트 정상부에는 계단형 탑이 있었고 다시 그 꼭대기에 나무로 둘러싸인 사당이 있었을 것으로 추정했다. 고대 근동에서는 지구라트나 바벨탑 같은 탑 구조물 정상부에 보통 사당을 두었는데 그리스의 역사학자 헤로도토스도 같은 기술을 하고 있다. 사당은 신이 하강해서 사람들에게 꿈을 통해 계시를 주거나 '성스러운 결혼'(신과 성직자가 만나 신방을 치르는 의식)을 거행하는 곳이었다. 지구라트의 몸통은 기단이자 신전의 본당에 해당되는 곳으로 신이 항시 머무르는 거주지였다.[2-12]

지구라트는 '우주론적 산'으로 인식되었기 때문에 탑 형식으로 지어졌다. 신이 인간을 이롭게 하기 위해 하강해서 머무는 곳으로 믿어졌으므로 그 자체가 하나의 하늘이었으며, 현실적으로 해석하더라도 사람들이 하늘에 가까이 올라가 신을 영접하는 곳이었다. 사각형 기초 위에 세 단 이상으로 단이 지면서 수직으로 올라간 탑형의 수직 구조물로 앞에서 말한 탑의 두 가지 건축적 요건인 방향성(우주론적 각 지역을

2-11
우르의 지구라트, 기원전 2100년경, 현재 상태

상대)과 계단(하늘에 오르는 길)을 잘 갖추었다.

　　방향성은 사각형과 칠각형이 제일 많았다. 사각형은 동서남북의 기본방위에 맞추기 위한 것으로 우르의 지구라트가 대표적인 예이다. 칠각형은 고대 근동의 종교에서 '7'이라는 숫자가 갖는 중요성에서 기인하는데 코르사바드와 틸바르십의 지구라트가 대표적인 예이다. 틸바르십 지구라트의 칠각형 기단은 인간사를 지배하는 일곱 개의 행성의 방향과 이 별들이 거주하는 신의 집을 상징한다. 정상부에는 사당이나 제단을 두어서 '성스러운 결혼', 제사, 천문 관측 등의 의식이 행해졌다. '성스러운 결혼'은 달의 신의 힘을 빌려 풍년을 비는 의미를 가졌

2-12
우르의 지구라트, 기원전 2100년경, 추측 복원안

는데 농업 문명이 음력 문화인 것을 보면 과학적 근거를 갖는 상징성이 었다. 천문 관측은 기후 변화를 읽는 실용적 목적도 가졌으나 이 자체가 하늘을 경험하고 만나는 종교 의식이기도 했다.

계단은 수직성을 담당하는 직접적 건축 부재였다. 수직성을 확보하기 위해 '기단 – 중간 영역 – 정상부 신전 영역'의 삼단 구조로 지어졌다. 각 단은 다시 높이를 잘게 나누어 전체적으로 보면 계단형 구도를 하는 경우가 많았다. 이런 복층 구조는 여러 배경을 갖는다. 지금의 마천루처럼 일직선으로 올릴 기술이 부족했던 때라 구조적 안정성을 확보하기 위한 실용적 목적과 종교 구조물의 대표 유형인 탑형에 맞추

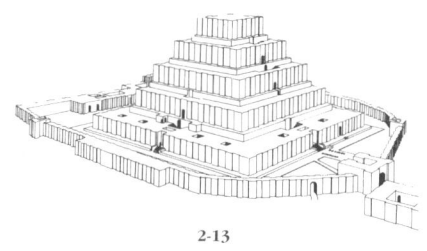

2-13
두르 운타시의 탑형 건축물, 기원전 13세기 중반

기 위한 종교적 목적 등을 생각해볼 수 있다. 좀 더 발전하면 하늘과 땅이 갈라지면서 천지가 창조되던 상황을 상징하는 형상으로 탑형이 고대 종교에서 갖는 대표적 상징성의 일환이었다.[2-13]

계단은 이런 복층 구조를 올라 정상부에 이르는 하늘 길이었다. 올라가는 방식은 아시리아 식인 나선형과 메소포타미아 식인 곧은 계단 세 방향 형의 두 가지가 있었다. 나선형은 코르사바드와 아누 앤 아다드의 지구라트를 대표적 예로 들 수 있다.[2-14] 메소포타미아 식은 우르의 지구라트가 대표적 예이며, 고고학자에 따라 바빌론의 바벨탑도 이 형식이었다는 주장이 있다.[2-12, 2-15] 이 방식은 양쪽 끝에서 곧은 계단이 일직선으로 올라오다 중간에서 만나 직각으로 꺾여 한 방향으로 오르기 때문에 총 세 방향 형식이 된다.

2-14
아누 앤 아다드의 지구라트, 기원전 12세기

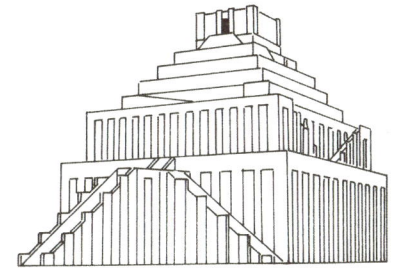

2-15
바빌론의 바벨탑. 서기 6세기에 복원되었을 때의 추측안

바벨탑과 피라미드, 고대 계단의 쌍두마차

바벨탑은 지구라트를 좀 더 탑형에 가깝게 다듬은 구체적인 탑 구조물이었다. 지구라트는 옆으로 넓적한 직사각형이 대부분이었고 삼단 구조에서 각 단의 높이 차이도 컸는데, 바벨탑은 이것을 정사각형에 가깝게 만들고 단도 여럿으로 잘게 나누어 탑형으로 다듬은 것이었다. 기능과 종교적 상징성은 지구라트와 같았다. 예를 들어, 《구약성경》〈창세기〉 11장 4~10절은 바벨탑 관련 구절인데, 특히 4절을 보면 "그들은 또 말하였다. '자, 도시를 세우고, 그 안에 탑을 쌓고서, 탑 꼭대기가 하늘에 닿게 하여, 우리의 이름을 날리고, 온 땅 위에 흩어지지 않게 하자.'"라고 되어 있다. 여기에서 "탑 꼭대기가 하늘에 닿게 하여"라는 구절이 앙천의 목적으로 세워진 우주론적 산에 해당되는 말이다.

지구라트의 예는 그대로 바벨탑의 예가 될 수 있는데 코르사바드의 지구라트가 대표적인 경우로 그 자체가 곧 바벨탑이었다. 바벨탑도 지구라트처럼 고대 근동의 주요 도시에 하나씩 세워지면서 그 수가 꽤 많았다. 대부분 도시 중심부의 왕궁 단지나 신전 단지에 세워졌다. 이 가운데 바벨탑이라는 이름을 보통명사로 만들 정도로 유명한 대표적 예로 바빌론에 세워진 것을 들 수 있다.[2-2, 2-16] 네부카드네자르가 기원전 6세기에 세운 것인데 이 왕은 전쟁으로 파괴된 우르의 지구라트도 증축하는 등 바벨탑 축조에 열심이었다. 그는 수메르의 영향을 받아 달의 신을 섬겼으며 바벨탑도 이것의 일환으로 지었다. 바빌론의 바벨탑은 신전 단지인 마르두크에 세워졌다 해서 '마르두크의 지구라트'로 불리기도 한다. 원래 이름은 당시 말로 '에-테멘-안-키(e-temen-an-ki)'였는데 '하늘과 땅의 기단(Foundation Platform of Heaven and Earth)'이라는 뜻이었다.

바빌론의 바벨탑은 오래전부터 관심의 대상이었다. 한때 신화 속 허구로 치부되었으나 이미 헬레니즘 시기부터 알렉산더 대왕과 역사학자 헤로도토스의 관심의 대상이었다. 알렉산더 대왕도 발굴과 복원을 막 시작하다 중단한 기록이 남아 있으며, 헤로도토스는 그 정상부에 '성스러운 결혼'을 치르는 침대가 놓인 신전이 있었다고 기술하고 있다. 동시대에 이런 구체적 기록들이 남아 있는 것으로 보아 실존 건축물이었음이 틀림없으며, 실제로 콜더베이(Robert Koldewey, 1855~1925년)가 기단 터를 발굴해서 그 존재를 확인했다. 그 이후 여러 사람이 추측 복원안을 남겼다.

바벨탑의 추측 복원안은 지구라트의 계단 형식에 따라 나선형과 곧은 계단형으로 나눌 수 있다. 나선형은 고고학적 정확성보다는 설화(narrative)나 예술성을 주로 추구할 때 나오는 형식이다. 나선형은 곧은 계단형보다 시각적 자극이 강하고 한눈에 탑형임을 알 수 있기 때문에 바벨탑이 갖는 고대 문명의 상징성이나 수직성 등을 강조할 수 있으며 스크루처럼 돌아 올라가기 때문에 앙천성도 강조할 수 있다.[2-2, 2-17] 이

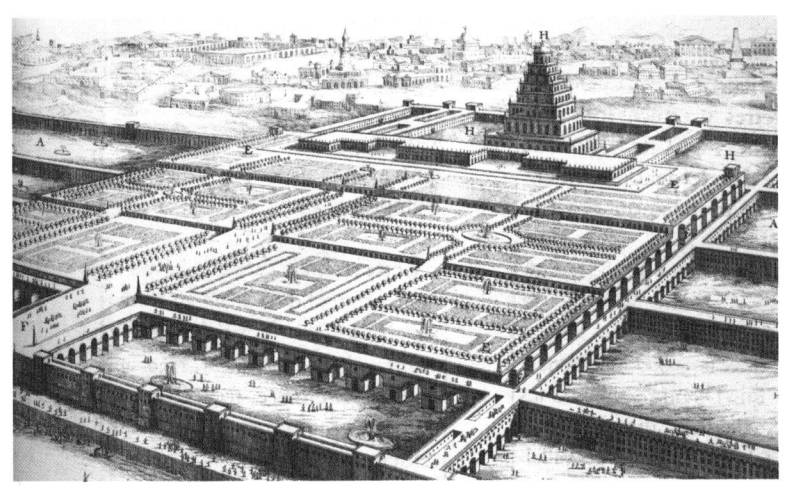

2-16
피셔 폰 에를라흐의 저서 《역사적 건축 개요》에 수록된 바빌론과 바벨탑 전경, 1721년

런 특징은 비기독교 진영에서는 바벨탑의 신비감을 높이기 위해 예술적으로 활용되었고, 기독교 진영에서는 반대로 하늘의 허락을 받지 않은 인간의 욕망을 표현하는 데 쓰였다. 나선형은 중세부터 17세기에 걸쳐 비교적 오랫동안 통용되던 안이었다. 고고학의 발달이 본격화된 18세기 이전에 신화나 전설 형식으로 구전되어오던 내용을 근거로 그린 안이기 때문이다.

곧은 계단형은 고고학적 정확성을 다투는 안에 주로 나타난다. 18세기 오스트리아의 바로크 건축가 피셔 폰 에를라흐(Johann Bemhard Fischer von Erlach, 1656~1723년)는 이 경향을 처음 시도한 대표적 예이다. 그는 자신의 저서 《역사적 건축 개요(Entwurf einen historischen Architektur)》에 바빌론 복원안을 수록했는데 그 한가운데에 바벨탑이

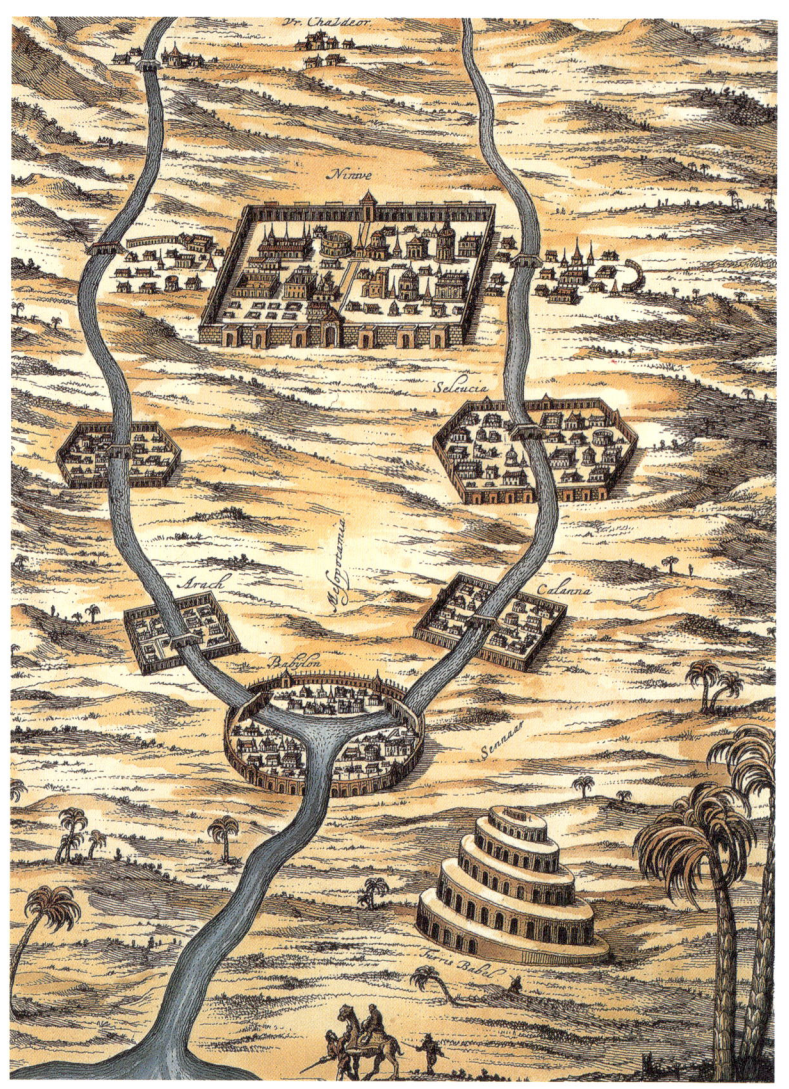

2-17

고대 근동 지역의 중심 도시였던 니네베와 바빌론을 보여주는 17세기 후반의 판화. 바벨탑을 바빌론 외곽에 따로 빼서 도시 하나와 같은 크기로 그렸다. 이는 바벨탑의 독립성을 강조하기 위한 것이기도 하려니와 나아가 고대 근동 문명에서 바벨탑이 갖는 중요도가 도시 하나와 맞먹는다는 사실을 표현하는 것이다. 이 그림은 또한 바벨탑의 건축적 구조를 나선형으로 그린 대표적 예이다.

우뚝 솟아 있다. 아직 계단은 부착되어 있지 않으나 이전까지 통용되어 오던 나선형을 정리해서 곧은 계단형으로 가는 중간 상태를 보여주고 있다. 이는 18세기부터 본격화된 고고학의 발달에서 영향을 받은 것으로 볼 수 있으나 콜더베이의 본격적인 발굴보다 150여 년 앞선 시기에, 아직도 바벨탑이 전설로 믿어지던 때에 이런 안을 낸 것은 놀랍다 하지 않을 수 없다.

곧은 계단형도 계단의 높이나 위치 등의 세부 내용에서 학자에 따라 차이가 있는데 콜더베이의 안이 표준형으로 받아들여지고 있다.[2-15, 2-18] 약 97미터 높이에 모두 일곱 단으로 구성되었는데 기단이 높아서 전체 높이의 중간까지 올라갔다. 기단의 밑변은 90미터의 정사각형이었다. 각 단은 다르게 색칠했던 것으로 추측되는데 이는 지구라트의 보편적 처리 기법이었다. 정상부로 오르는 계단은 아시리아 식과 메소포타미아 식의 혼용으로 처리했다. 전체 구성이 감아 올라가는 나선형 구조인 점이 아시리아 식이며, 탑을 세 방향에서 오르는 계단이 메소포타미아 식이었다. 기단을 높게 처리한 것은 세 방향 계단을 적용하기 위해서였다.

피라미드는 탑 구조를 사각뿔로 정형화한 고대 거석 구조물로 이집트와 아메리카, 동남아시아 등에 지어졌다. 이집트 피라미드는 기능이 복합적이어서 무덤을 기본으로 신전, 왕궁, 항구, 탑 등의 다목적 구조물이었다. 고대 문명에서는 이것들이 한 몸으로 작동하는 것이 통례였기 때문에 피라미드가 특별히 별난 것은 아니었다. 이집트의 피라미드는, 파라오 사후에는 내세사상을 지탱하는 무덤으로 쓰였지만 파라오가 살아 있는 동안에는 태양신 레를 만나는 장소로 주로 쓰였다. 이

2-18
로버트 콜더베이의 바빌론과 바벨탑 추측 복원안. 많은 안 가운데 가장 널리 통용되는 안이다.

는 지구라트의 종교적 의미인 '우주론적 산'과 다르지 않다.[2-19] 이집트인들은 피라미드를 하늘로 오르는 길로 믿었는데, 이를 위해 피라미드 전체를 하나의 거대한 계단 개념으로 축조했다. 피라미드는 멀리서 보면 경사선이 매끄러운 직선으로 보이지만 실제로는 높이 2미터의 정육면체를 쌓아서 만든 것이었다. 이 정육면체는 나선형으로 감아 올라가는 방식으로 쌓았기 때문에 윗면을 따라 올라가면 정상까지 오를 수 있었다. 고고학에서는 이집트의 초창기 피라미드에 실제로 계단이 있었을 것으로 본다.

아메리카 피라미드는 기원전 1200년경 멕시코 만 일대에서 시작되었으며, 서기 1600년까지 잉카와 마야, 아스텍 등 중남미 문명권에

2-19
이집트 기자의 피라미드 군

서 여러 형태로 변형되며 지속적으로 지어졌다. 이집트와 달리 변형이 심해 정형화된 유형을 결정하기가 쉽지 않으며 기하학적 원형성은 많이 약하다. 주변의 다른 시설들과 붙어서 복합 건물의 일부분으로 지어지기도 했다. 밑변은 이집트보다 넓은 경우도 많아서 150×300미터에 이르는 경우도 있었으나 높이는 50미터 정도가 최고 기록으로 이집트보다 대체적으로 낮았다.

아메리카 피라미드는 무덤 기능은 없는 전형적인 신전 구조물이었다. 이 때문에 정상부 진입을 이집트보다 훨씬 명확하고 의도적으로 처리했는데 계단이 대표적 예였다. 가장 중요한 요소는 경사면이었다. 이집트와 달리 경사면에 여러 돋을새김과 몰딩 등의 장식 요소를 가했

2·20
멕시코의 엘 카스틸로 피라미드, 서기 800년경

으며, 표면 질감과 축조 방식을 이용해 음영도 만드는 등 인상에 신경을 썼다. 계단은 이런 경사면을 등뼈처럼 가로지르는 가장 지배적인 요소였다. 아메리카 피라미드는 하늘에 세워진 신전이었기 때문에 계단의 권위와 존재가 매우 중요했다.2·20 곧은 계단이 가장 웅장하게 쓰인 예로 거대 단일 계단이 정상 진입 의도를 명확하게 드러내며 오름을 이끌었다. 예외적으로 쌍 계단도 있었으며 피라미드 한 면 전체가 계단인 예도 있었다. 정상부에는 신전을 중심으로 제단과 작은 광장, 산책길(esplanade) 등이 더해졌다.

05 　　　종교적 앙천을 상징하는 계단

　　고대 문명에서 종교적 앙천을 상징하는 계단 형식은 곧은 계단이었다. 쭉 뻗은 곧은 계단이 하늘을 향해 긴 거리를 수직으로 거침없이 뻗어 올라가는 장면은 그 자체가 종교적 아이콘이었다. 이런 장면은 곧 정치적 권위와도 직결되어서 고대 문명에서 정치 지도자는 종교를 주요 통치 기반으로 삼았다. 이를 위해 곧은 계단을 갖는 수직 구조물은 필수 조건이었다. 곧은 계단의 조건은 두 가지다. 중간에 꺾임이 없어야 한다는 것과 상당히 긴 거리를 올라가야 한다는 것이다. 중간에 꺾이거나 조금이라도 변화가 생기면 신성함의 권위에 손상을 입으며, 조금 오르다 만 계단은 아무리 일직선이라 해도 곧은 계단이라고 보기 힘들기 때문이다.

　　곧은 계단이 되기 위해 계단이 달려야 하는 거리가 정확히 얼마라고 단정 짓기는 어렵다. 단순히 길이만의 문제는 아니며 부가적 처리 등 분위기와도 연관이 있기 때문이다. 그 기준은 숫자만으로 결정되기보다는 "고대적 전제성을 느끼게 하는 위용, 종교적 경건함을 불러일으키는 신성함, 하늘로 오른다는 확신을 주는 앙천성의 느낌" 등을 갖추어야 한다. 이를 만족시키기 위한 최소한의 높이는 지구라트의 경우 17

미터가 분기점이었으나 이는 조금 부족해 보인다. 통상적으로 고대 문명에서는 20미터 정도의 높이부터 종교적 상징성을 획득하기 시작한 것으로 볼 수 있다. 정치적 권위만을 위한다면 이보다 좀 낮아도 괜찮았으나 종교성까지 갖기 위해서는 최소한 이 정도는 되어야 했다.

곧은 계단, 육체적 수고 뒤에 숨은 정신적 휴식

고대 문명의 대표적 종교 수직 구조물인 바벨탑과 지구라트에는 모두 곧은 계단이 정상으로 오르는 주요 길 형식이었다. 이것을 탑으로 일반화시켜도 큰 변동은 없으나 탑 구조물에서는 돌아 올라가야 하는 관계로 나선형 계단이 만들어지기도 했다. 아시리아 식 지구라트와 이집트 피라미드가 좋은 예이다. 바벨탑에 대한 추측 복원안 가운데에는 곧은 계단형보다 나선형이 더 많다. 그러나 이런 예들에서 나선형 계단은 표준적 의미의 원형 나선형이기보다는 곧은 계단이 사각 구조물의 네 변을 감아 올라가며 네 번 꺾이는 형식이기 때문에 곧은 계단의 하나로 볼 수 있다.

곧은 계단은 외형적으로는 일직선으로 통합되어 한 방향으로 뻗지만 탑에 쓰일 경우 탑의 종교성과 합해지면서 그 의미가 복합적이 된다. 탑이 갖는 두 가지 종교적 의미인 승천과 통합을 실제 발걸음으로 담당하는 것이 계단이다. 계단이 승천의 의미를 갖는 것은 당연하지만 통합 기능까지 하는 것은 의외일 수 있다. 그러나 탑의 방향성이 갖는 기본 의미인 통합을 가시적 길의 형식으로 현실화시킨 것 또한 계단이다. 방향성에 내재된 종교적 의미는 우주론적 지역의 교차와 교합인데 이것을 실제로 이어주는 상징적 통로가 계단인 것이다. 이 때문에 계단은 존재 상태가 가장 활발하고 확연하게 드러나는 곳이다. 겉은 일직선이지만 속뜻은 연결과 교차, 통합을 통해 복합적 상태로 발전한다. 탑 구조에서 곧은 계단은 하늘 한 방향만 향하는 것은 아니며 하늘로 오르는 중간 과정에서 다양한 존재 상태를 통합하는 기능도 한다. 이것은 종교가 갖는 현실 순화 기능의 일환이다. 종교를 내걸면서 오히려 현실에 분파를 만들고 전쟁과 살육까지 자행하는 일부 잘못된 종교에 대한 대안적 가르침이 계단 속에 숨어 있다.

곧은 계단은 현대 건축가들이 애용하는 소재이다. 일부는 곧은 계단이 갖는 기능적 효율성에 집착하긴 하지만 곧은 계단에 내재된 정신적 가치를 현대적으로 활용하는 경향이 주를 이룬다. 암바츠의 정신적 휴식을 위한 주택(Casa de Retiro Espiritual)은 직각으로 꺾인 두 장의 흰 벽면만으로 이루어져 있다. 두 벽면의 바닥 양쪽 끝에서 계단이 각각 하나씩 시작되어 정상부에 거의 다 가서 만난다.[2-21] 계단은 끊김과 꺾임 없이 일직선으로 곧게 올라 벽이 꺾이는 모서리에서 만난다. 이곳에 문을 하나 내서 열고 나가면 바깥쪽으로 발코니가 있다. 계단이 있는 쪽은 안쪽이고 발코니가 있는 쪽은 바깥쪽인 셈인데 두 세계는 벽이 가르고 있다.

안쪽 세계는 벽에 의해서 강하게 한정되기 때문에 인공 세계라 할 수 있으며, 바깥 세계는 막힘없이 대지와 하늘로 뻥 뚫려 있는 자연 세계이다. 계단은 두 세계를 이어주는 끈이고 문은 두 세계를 오가는 통로이다. 계단은 인공 세계의 제한성과 답답함을 떨쳐버리고 대지와 하늘로 나가는 성스러운 길이다. 두 세계는 안팎, 음양, 인공-자연 등과 같이 여러 겹의 대비 구도로 강하게 갈라져 있기 때문에 대지와 하늘로

2-21
에밀리오 암바츠, 정신적 휴식을 위한 주택, 스페인 코르도바

2-22
찰스 코레아, 자와하르 칼라, 인도 자이푸르, 1992년

의 전이는 그만큼 극적으로 일어난다. 계단은 종교의 종류를 초월해서 인간에게 자연의 성스러움을 극적으로 전달하는 정신체이다. 곧은 계단은 이런 종교성에 아주 제격이다.

코레아(Charles Correa)의 자와하르 칼라(Jawahar Kala)에서는 곧은 계단을 외길로 뽑아 올려 고대 제식 분위기를 내고 있다.[2-22] 이 건물은 큰 정사각형을 9등분해서 작은 정사각형에 여러 기능을 집어넣은 큰 복합 단지다. 전체적 특징은 고대 종교 건축물의 모티프를 활용해서 제식 분위기를 강하게 내고 있으며, 블록 하나를 지구라트로 오르는 계단 모티프로 처리했다. 건물 전체에 걸쳐 계단이 고대 제식 분위기를 내는 핵심 매개로 쓰이고 있는데 안마당 조경이 대표적인 예이다. 9등분 된 정사각형 블록 가운데 정중앙은 안마당인데 바닥을 계단의 오르내림으로 처리해서 대지의 의미를 고대적 분위기로 표현했다. 이런 분위기는 지구라트 계단으로 이어지면서 점증되는데 그 끝에 신전 모습의 문을 둬서 클라이맥스를 노렸다.

이 부분은 옥외 시설이라서 계단과 관련한 법규 제한을 받지 않기 때문에 중간에 참 없이 40여 단 이상을 한 번에 오른다. 끊임과 꺾임이 없이 3층 이상의 높이를 단숨에 오르는 계단은 대지와 하늘을 이어주는 종교적 끈의 의미를 갖게 된다. 안마당 바닥에서 계단의 오르내림을 밟으며 대지의 의미를 확인한 뒤 하늘로 인도하는 곧은 계단을 올라 마지막 관문을 통과하면 고대 문명에서 계단을 통해 처음 완성된 존재적 의미가 풀 세트로 재현된다. 앞의 암바츠 작품과 처리 기법은 다르지만 계단을 통해 전달하고자 하는 의미는 같다.

곧은 계단 모티프를 구현한 현대 건축

곧은 계단은 실내 로비 홀에도 유용하게 쓰인다. 로비 홀은 출입구에서 바로 이어지면서 건물의 특징과 품격을 결정하는 중요한 장소인데 계단은 거기서 핵심 역할을 한다. 대형 건물의 로비 홀은 2~3층, 심한 경우는 4~5층까지도 뻥 뚫린 공간으로 처리하는데 각 층을 연결하는 계단은 기능적 역할뿐 아니라 심미적 역할도 함께한다. 닐슨 앤 닐슨(Nielsen & Nielsen)의 덴마크 건축가협회(House of Danish Architects Association)에서는 곧은 계단을 등뼈형 공간에 적용시켜 기능성을 살렸다.[2-23] 이 건물은 직사각형 윤곽을 길이 방향으로 잘라 두 구역으로 나누고 그 사이를 중앙 홀이 연결해주는 구성을 하고 있다. 이 때문에 중앙 홀은 길고 좁은 직사각형이 되었는데 곧은 계단은 이런 공간에 적합하다. 곧은 계단은 길고 좁은 공간을 따라 등뼈처럼 뻗어 올라가면서

각 층을 만날 때마다 등뼈에서 갈빗대와 내장기관이 갈라져 나오듯 방과 시설들에 동선을 연결해준다.

치퍼필드(David Chipperfield)의 베를린 신박물관에서는 곧은 계단의 심미적 특징을 쌍으로 최대한 활용했다.[2-24] 곧은 계단은 고대 제식 분위기를 갖기 때문에 건물에 원시적 권위와 고풍스러움, 근엄한 품격 등을 줄 수 있는데 이것을 두 개 두면 이런 특징이 배가된다. 이 건물에서는 로비 홀의 양쪽 끝 벽에 곧은 계단을 하나씩 부착해서 일직선

2-24
데이비드 치퍼필드, 베를린 신박물관, 1997~

으로 끌어올렸다. 계단은 2개 층을 달려 3층 갑판으로 이어진다. 이곳은 실내라 법규의 적용을 받아서 중간에 참을 두어 한 번 끊었지만 곧은 계단의 속성을 지켰다. 평행 계단이나 쌍둥이 계단쯤으로 부를 수 있는데 하나만 있을 때보다 심미성뿐 아니라 공간 장악력도 배가된다.

계단은 공간 크기에 비례해서 커지지만 한계가 있기 때문에 대형 공간에서는 그 존재가 미미해지기 쉬운데 쌍으로 등장하면 이런 한계를 극복할 수 있다. 하나만 있어도 나타날 고대 제식 분위기가 두 배가 되면서 박물관이라는 공공건물에 고전적 권위를 준다. 최근 박물관의 기능이 놀이 · 학습 · 유람 · 레저 등으로 다양해지고 있긴 하지만 공공성은 여전히 박물관의 핵심 개념으로 남아 있다. 최근에는 공공성의 개념 또한 봉사나 분배, 효율 등 도덕적 가치로 옮겨가는 추세인데, 19세기 이전의 공공성에서는 고전적 권위가 핵심 가치였다. 곧은 계단을 활용해서 고대 제식 분위기를 표현하는 기법은 이것에 적합한 처리다.

곧은 계단을 피라미드 모티프에 부착하면 고대 제식 분위기는 절정에 달한다. 보필(Ricardo Bofill)의 카탈루냐 기념비 – 피라미드(La Piramide, Monument to Catalonia)는 이집트 피라미드와 아메리카 피라미드, 지구라트 등 고대 거석 구조물의 대표 유형을 혼합한 현대판 거석 기념비다.[2-25] 제목에서 이미 피라미드 모티프를 이용했음을 밝히고 있는데 왜 하필 피라미드인지는 카탈루냐의 역사적이고 지리적인 배경에서 알 수 있다. 카탈루냐는 매우 복잡하고 사연 많은 역사를 가진 지역이다. 프랑스와 스페인, 이탈리아 사이에 낀 지역으로 로마의 속주가 된 뒤 이슬람의 지배를 받다 샤를마뉴 대제에 의해 해방이 되었다. 이후 스페인과 프랑스, 아라곤 사이의 치열한 쟁탈전이 벌어져 소속 왕국

2-25
리카르도 보필, 카탈루냐 기념비-피라미드, 프랑스 르 페르튀, 1986년

이 열 번도 넘게 바뀌었으며, 그 사이사이에는 자치 왕국으로 독립하기도 했다. 많은 예술가를 배출하면서 현재 스페인 내에서는 '탄압 받는 예향'이 되어 있다. 지리적으로는 산악 지형이나 두드러지게 높은 산은 없는 대신 몇백 미터 이내의 작은 산들이 수백 개 이어지며 일종의 고원지대를 이루고 있다.

이 작품은 이런 카탈루냐의 특수한 상황을 기억하자는 기념비인데 역사적 요소들이 여럿 섞여 있기 때문에 한두 가지 특정 사항을 디자인 모티프로 사용하기가 어려웠을 것이다. 이런 것들을 일거에 뛰어

넘는 근원 요소를 찾았을 것이고 피라미드의 기하학적 원형성과 고대 문명의 근원성을 끌어들인 것이다. 피라미드는 인공 구조물이기보다는 높은 둔덕처럼 처리했는데 이것은 자연 지형에 맞춘 것이다. 지리적 맥락주의로 이 지역을 구성하는 수백 개의 작은 산 가운데 하나로 볼 수 있다. 곧은 계단은 이것을 가로질러 정상까지 일직선으로 뻗는데 이것은 아메리카 피라미드의 구성을 가져온 것이다. 이 건물의 주인은 단연 계단이다. 계단은 피라미드에 부속된 교통수단이 아니라 피라미드를 거느린 주인이다. 피라미드가 계단을 양옆에서 떠받쳐 지지하는 형국이다. 정상에는 신전을 두어 지구라트의 구성을 활용함으로써 곧은 계단이 갖는 원형성과 근원성을 공고히 했다. 계단 하나는 챌판의 높이가 무려 60센티미터나 되어서 걸어 오르기보다는 절벽을 기어오르는 것처럼 올라가야 하는데, 이런 비상식적인 치수는 카탈루냐의 고단한 역사를 고통스러운 순례 개념으로 정의하겠다는 입장에서 나온 것으로 볼 수 있다.

곧은 계단의 일직선다움을 극단적으로 강조한 이상의 경향은 고대 종교 건축물이 갖고 있는 제의적 분위기를 주요 디자인 모티프로 가져와 사용하고 있는데, 이는 현대 기계문명 시대에 역설적 의미를 갖는다. 일부는 선사시대 원시주의 분위기까지 풍기는데 이를 통해 이들 건축가들은 공통적으로 하늘을 향한 제단의 주술성이 현대에도 여전히 유효하다고 주장하고 있다. 엘리베이터나 에스컬레이터 같은 도구적 기계 없이 10층에 가까운 높이를 계단만으로 오르게 한 처리는 일견 무모하고 폭력적으로 보일 수도 있으나 이 속에 바로 역설의 미학이 숨어 있다. 하늘을 향해 일직선으로 뻗은 계단을 오르는 것 자체만으로 종교심은 유발되며 이런 느낌은 오히려 현대에 더 소중하게 지켜져야 한다는 역설이다.

똑같이 생긴 일직선 곧은 계단인데 지하철 계단 앞에 서면 한숨부터 나오지만 이런 건축가들의 작품 앞에 서면 뇌 속 깊은 곳에 무뎌져 잠자고 있던 원시적 본능이 되살아나는 것을 느낄 수 있다. 인류 문명이 계속되는 한 이런 본능은 정신적 가치를 지탱하는 핵심 요소로 여전히 중요하다. 폭력성과 야수성이 제거된 제의적 원시성은 자잘한 물질 욕망을 비웃으며 인간에게 큰 우주를 그릴 수 있게 해주는 유일한 원천이다. 백 원 단위까지 머릿속에서 쉼 없이 계산해야 살아남을 수 있는 현대 물질문명 시대에 종교적 경건함으로 다져진 원시적 본능은 갈기갈기 찢어진 뇌세포를 하나의 큰 우주로 봉합해주는 정신 수술의 기능을 갖는다. 도구적 기계가 점점 육체노동을 대신해가는 현대 물질문명 시대에 수십 단, 또는 백 단이 넘는 계단을 한 발 한 발 힘들여 오르는 육체의 수고가 오히려 신성한 의미를 획득하게 되는 역설의 미학이다. 기계가 사지의 수고를 대신해줄수록 사람들은 점점 존재의 의미를 잃어가는 현대 문명에서 엘리베이터를 배제한 계단만으로 구성된 수직 구조물은 선택을 강요한다. 수고를 덜어주는 대가로 기계에 종속되어 존재 의미를 버릴 것인지, 아니면 이 세상에는 땀을 흘리는 수고라는 가치도 존재하여 그런 가치를 통해서만 사람은 존재 의미를 지킬 수 있다는 원시적 진리에 복종하든지.

3장

기도와 계단이 만나다

—

기독교 문명

06   수직 구조물과 욕망

　유일신 종교인 기독교는 다른 어떤 종교보다 앙천의 개념이 강하다. 성경은 하늘 얘기로 시작해서 하늘 얘기로 끝난다. 하늘에 오르는 길, 즉 하나님을 만나는 길에 대한 인식도 강한 종교이다. 선행과 믿음을 놓고 가톨릭과 신교가 차이는 있으나 '기도'가 그 길이라는 점에서는 같은 뿌리를 갖는다. 기도는 매우 거시적 개념이고, 기도를 실제로 행하고 그것을 통해 하나님을 만나는 과정에 대해서는 여러 해석이 있다. 공통점은 그것이 단계적이라는 점이며, '단계'라는 이 개념에 계단이 적용될 수 있다. 계단을 뒤집으면 단계가 된다.

저주와 벌

반면, 정작 하늘 개념을 구체화한 독자적 건축 형식을 기독교는 상당히 오랫동안 갖지 못했으며 중세나 되어서 고딕 성당으로 나타났다. 그 이유의 단서는 《구약성경》〈창세기〉 11장 4~10절에 나오는 바벨탑과 관련한 구절에서 찾을 수 있다. 이 구절을 요약하면 '인간이 하늘에 닿으려는 욕심을 부리며 바벨탑을 쌓았다가 하나님의 저주를 받아 벼락을 맞아 산산조각이 났다.'라는, 우리가 다 아는 얘기다.[3-1]

3-1
징벌을 받아 파괴된 바벨탑을 그린 17세기 네덜란드 그림

이것을 기독교적으로 해석하면 하나님의 허락이 없는 인간만의 욕심으로 짓는 수직 구조물은 경계의 대상이며, 더 궁극적으로 이것이 하늘에 닿기 위한 이교의 수직성일 경우는 저주와 벌의 대상이 된다는 뜻이다. 성경 구절을 빌려서 말하면, (이교도인 메소포타미아 인들이 감히) "'탑 꼭대기가 하늘에 닿게 하여, 우리의 이름을 날리고, 온 땅 위에 흩어지지 않게 하자.' (고 하자) 주께서 말씀하셨다. '…… 이제 그들은, 하고자 하는 것은 무엇이든지, 하지 못할 일이 없을 것이다.' (라고 크게 경계하며 이를 방지하기 위해) 주께서 거기에서 그들을 온 땅으로 흩으셨다. 그래서 그들은 도시 세우는 일을 그만두었다."라고 되어 있다.

세속적으로 해석하면 얘기가 조금 달라진다. 이스라엘과 메소포타미아는 요즘 말로 하면 주적, 그것도 아주 심한 주적 관계였다. 《구약성경》가 기술되던 고대 시대에는 이스라엘이 약소 민족이고 근동 지역의 아랍 민족은 강대하며 호전적인 민족이었다. 한번 전쟁이 나면 이스라엘 백성들은 멸족을 걱정할 정도로 불안에 떨며 살았다. 뿐만 아니라 아랍 민족은 문명이 훨씬 더 발달해 있었다. 강대국이라는 사실 자체가 발달한 문명의 산물이었다. 따라서 아랍 민족은 바벨탑처럼 당시로서는 첨단 기술이 필요한 구조물을 축조할 수 있었던 반면 이스라엘 민족은 그럴 능력이 없었다. 이런 상황에서 이스라엘 민족은 바벨탑 종류의 수직 구조물에 대해서 엄청난 열등감을 가지고 있었을 것이고, 마침 바벨탑이 무너졌다는 소식을 듣고 자신들의 유일신 종교에 도움이 되는 방향으로 활용해서 성경에 적었을 것이다.

3-2
귀아르 데 물랭의 《역사적 성경》에 나오는 내용으로, 기원전 516년 바빌론이 함락되자 에스드라스 왕이 바빌론에 있던 이스라엘 백성을 이끌고 예루살렘으로 돌아와 유대인 신전을 지었다는 기록을 그린 그림이다.

구원의 끈, 하나님을 만나는 길

특히 바벨탑이 세워진 바빌론은 이스라엘 백성이 노예로 끌려가 고생하던 곳 가운데 하나였기 때문에 더욱 그랬다. 기원전 516년 바빌론이 함락되자 에스드라스 왕이 바빌론에 있던 이스라엘 백성을 이끌고 예루살렘으로 돌아와 유대인 신전을 지었다는 기록은 이런 해석을 뒷받침해준다.3-2 물론 이 유대인 신전도 남아 있지 않지만 그리 높지 않은 수평 구조물이었을 것이다. 성경에 따르면, 수평 구조물을 지은 것은 바벨탑의 교훈을 받들어 하나님에게 복종하기 위한 것이나 현실적으로 보면 수직 구조물을 지을 기술이 없었기 때문일 것이다.

이런 해석은 '바벨'이라는 단어의 뜻이 두 민족에서 전혀 다르게 쓰이는 데에서도 알 수 있다. 이 단어가 아카디아 문명에서는 '신의 문(the Gate of God)'을 의미하는 '바빌리(babili)'를 어원으로 갖는 데 반해, 히브리 어에서는 '뒤죽박죽(mixture)'이나 '혼란(confusion)' 등을 의미한다. 이를 반영하듯〈창세기〉의 바벨탑 관련 구절에는 뒤이어 인류의 언어 분화 얘기가 나온다. "'자, 우리가 내려가서, 그들이 거기에서 하는 말을 뒤섞어서, 그들이 서로 알아듣지 못하게 하자.' 주께서 거기에서 온 세상의 말을 뒤섞으셨다고 하여, 사람들은 그곳의 이름을 바벨(바빌론)이라고 한다." 바벨탑이 무너진 이유가 그것을 축조하던 사람들의 언어가 민족마다 갑자기 달라져서 의사 소통이 되지 않아 공사가 난장판이 되었기 때문이라는 내용이다. 이스라엘 사람들이 바벨탑 종류의 수직 구조물에 대해 가지고 있던 반감이 컸음을 알 수 있다.

하나님의 허락을 받지 않고 인간들만의 욕심으로 지은 수직 구조물은 혼란으로 귀결될 뿐이라는 저주이다. 하늘의 일은 알려고 하지 말고 알아서도 안 되며 하나님에 무조건 복종해야 한다는 유일신 사상을 잘 보여주는 구절이다. 좀 더 일반화시키면〈창세기〉전반에 걸친 기조인 '하나님에 의지하지 않고 인간 스스로의 노력에 의해 이루어진 인류의 모든 문명 발전은 죄의 증가와 비례한다.'라는 원죄론과도 맞닿아 있다. 기독교적으로는 성스러운 구절이지만 세속적으로는 그런 수직 구조물을 지을 능력이 없던 자신들의 후진성과 질투심을 합리화하는 구절로 해석할 수 있다.

기독교에도 하늘에 오르는 길이 전혀 없었던 것은 아닌데, 야곱의 사다리가 그것이다.[3-3] 성경에는 수직 구조물이나 계단에 대한 언급이 별도로 없으며, 사다리는 계단의 한 형식이기 때문에 야곱의 사다리는 기독교에서 생각하는 유일한 하늘에 오르는 길 또는 계단 개념이라 할 수 있다. 이 내용은 〈창세기〉 28장 10~17절에 나온다. 핵심만 발췌하면 다음과 같다. "(야곱이) 꿈을 꾸었다. 그가 보니, 땅에 층계(또는 사닥다리)가 있고, 그 꼭대기가 하늘에 닿아 있고, 하나님의 천사들이 그 층계를 오르락내리락하고 있었다. 주께서 그 층계 위에 서서 말씀하셨다. '나는 주, 너의 할아버지 아브라함을 보살펴준 하나님이요, 너의 아버지 이삭을 보살펴준 하나님이다.' 야곱은 잠에서 깨어서, 혼자 생각하였다. '주께서 분명히 이곳에 계시는데도, 내가 미처 그것을 몰랐구나.' 그는 두려워하면서 중얼거렸다. '이 얼마나 두려운 곳인가! 이곳은 다름 아닌 하나님의 집이다. 여기가 바로 하늘로 들어가는 문이다.'"

이 구절에 따르면 하나님이 허락한, 하나님을 만나기 위한 사다리는 용서를 받고 나아가 장려되어 하늘로 인도된다고 가르치고 있다. 따라서 인간은 하나님을 만나려는 목적에서만 계단을 세울 수 있다. 이것은 확장하면 하늘에 닿으려는 수직 구조물은 기독교적 목적을 갖는 경우에만, 좁혀 말하면 교회일 경우에만 허용된다는 것이다. 위 구절 마지막에 나오는 '하늘로 들어가는 문'이라는 단어가 이를 잘 보여준다. 바벨탑도 같은 뜻을 갖는데, 이민족이 세운 것은 벼락 맞아 흩어질 저주의 대상이고, 야곱의 사다리는 "너의 자손이 땅의 티끌처럼 많아질 것이며, 동서남북 사방으로 퍼질 것이다. 이 땅 위의 모든 백성이 너와 너의 자손 덕에 복을 받게 될 것이다. 내가 너와 함께 있어서, 네가 어디로 가든지, 너를 지켜주며, 내가 너를 다시 이 땅으로 데려오겠다. 내가 너에게 약속한 것을 다 이루기까지, 내가 너를 떠나지 않겠다."라며 축복의 대상이 되고 있다.

3-3
루카 조르다노, 〈야곱의 꿈〉, 18세기. 야곱의 사다리는 〈창세기〉 가운데 야곱의 꿈과 관련된 대목에 나오는데, 서양 미술에는 이를 소재로 해서 '야곱의 꿈'이라는 제목이 붙은 그림이 무척 많다.

성경에는 이 구절 이외에 수직 구조물이나 계단과 관련된 직접적인 구절은 더 이상 안 나온다. 그러나 이후 《신약성경》이나 기독교 역사 등을 거치면서 야곱의 사다리는 상징적으로 해석되고 현실 세계에서는 계단으로 환원되어 축조된다. 가장 대표적인 것이 '고난을 극복하는 단계'라는 상징적 의미다. "고난의 계단을 다 오르면 그 끝에는 십자가가 있더라."라는 기독교의 대표적 가르침이 기독교에서 계단이 갖는 의미를 함축하고 있다. 이때 계단 끝에 있는 십자가는 인간사의 환란과 상처를 극복하고 내적 치유를 거친 평온한 마음의 상태일 수도 있고, 더 적극적으로 해석하면 믿음으로 하나님을 만난 축복으로 주어지는 구원일 수도 있다. 따라서 이런 상태에 이르는 계단은 야곱이 꿈속에서 보았던 사다리에 다름 아니며, 그 끝에서 만나게 되는 십자가는 결국 야곱이 외친 '하나님의 집'인 것이다.

믿음의 단계, 고난을 극복하고 십자가를 만나다

폰토르모(Jacopo da Pontormo)의 〈이집트의 요셉(Joseph in Egypt)〉은 이런 개념을 소재로 사용한 작품이다.[3-4] 요셉은 형들이 노예로 팔아넘겨 이집트 근위대장 보디발에게 팔려가는 불운을 겪는다. 외모가 뛰어났던 그는 보디발 부인의 유혹을 받으나 이를 물리친다. 이로 인해 그녀의 노여움을 사 모략에 빠져 감옥에 보내진다. 하지만 흉년이 들 것을 예견해 농업장관이 되고 7년의 지독한 흉년을 잘 견뎌 끝내 이집트의 총리대신의 자리에까지 오르게 된다. 성경에서 요셉은 주변 사람들에 의해 혹독한 운명을 겪었음에도 하나님에 대한 믿음을 끝까지 버리지 않아 그에 대한 보답으로 성공한 대표적인 인물로 거론된다. 이 그

3-4
야코포 다 폰토르모, 〈이집트의 요셉〉, 1515~1518년

림에 나오는 계단은 그런 내용을 함축한다.

    이 그림은 요셉에 관한 구절들을 그린 여러 개의 다른 장면을 모아놓은 것이다. 요셉은 네 군데에 등장하는데 첫째, 왼쪽에 붉은 모자를 가슴에 얹고 파라오 앞에서 아버지 야곱을 가리키고 있다. 둘째, 오른쪽 아래쪽 모퉁이에서 몸을 숙여 탄원인의 얘기를 듣고 있다. 셋째, 아들 손을 잡고 원형으로 돌아 올라가는 계단 중간을 오르고 있다. 넷째, 오른쪽 위쪽 모퉁이 제일 높은 곳에 아버지 야곱의 침대 옆에 두 아들을 데리고 앉아 있다.

이 그림에서 계단은 요셉의 일생을 상징적으로 표현하며 나아가 하나님의 믿음에 대한 보답으로 주어지는 은혜의 의미를 잘 보여준다. 첫 장면에서는 여러 단의 계단을 올라와 파라오 앞에 섬으로써 이집트의 2인자인 총리대신에 올랐음을 암시한다. 오른쪽 원형 계단 아래에서는 탄원인에 귀를 기울이며 열심히 일하는 모습을, 계단의 중간에서는 승승장구 출세하는 모습을 각각 그렸다. 마지막 제일 높은 곳에서는 억울하게 노예로 팔려갔던 과거를 다 용서하며 아버지 야곱의 침대 옆에 앉음으로써 요셉을 향한 하나님의 축복이 절정을 이루고 있다. 하나님을 향한 믿음에 대한 보답은 단순히 세속적 출세에 있지 않고 자기가 받았던 핍박을 용서하는 데 있다는 기독교적 가르침이다.

이것과 비슷한 해석으로 계단은 믿음의 정도와 단계를 상징하기도 한다. 고난을 극복한다는 것은 곧 믿음이 커져간다는 것과 같은 뜻이나 '믿음'이라는 단어 자체에는 고난의 개념이 약하기 때문에 다소 차이도 있다. 믿음에는 이보다 예수가 십자가에 못 박혀 죽음으로써 인간의 죄를 대신했다는 사실을 진심으로 받아들이느냐의 여부가 주요 관건이다. 따라서 계단의 의미는 예수가 못 박혀 죽은 역사적 십자가와 연관 지어 해석해야 한다. 야곱의 사다리에 나오는 구절 가운데 "하나님의 천사들이 그 층계를 오르락내리락하고 있었다."라는 부분은 누구에게 사다리를 오를 자격이 주어지는가의 문제로 해석할 수 있다. 그 답은 "십자가의 나무가 주님의 수난으로 지상에 섰을 때, 야곱의 눈에 사다리가 보였다. 세례를 받은 이방인들을 주님이 받아주었기 때문에 그들이 올라가는 것이다. 그리고 내려오는 것은 복종하지 않는 사악한 사람들이었다."이다. 따라서 야곱의 십자가를 올라 하나님을 만날 수 있는 자격은 예수가 뿌린 보혈의 의미를 신앙의 씨앗으로 받아들이는 사람에게 주어진다.

예수의 십자가와 보혈을 매개로 믿음의 단계는 곧 고난을 극복하는 신앙적 치유, 즉 신유(神癒)가 된다. 기독교 신앙이 줄 수 있는 축복 가운데 하나가 생육 과정에서 부모 등 주위로부터 받은 마음의 상처를 고쳐주는 내적 치유인데, 그 과정은 흔히 계단을 오르는 단계적 성장으로 비유된다. 트라우마로 인해 자기 마음속에 갇혀서 크지 못하고 어린 아이로 머물고 있는 상처 받은 자아를 치유해서 어른으로 성장시켜 닫힌 마음을 열고 내보내는 과정이다. 이 과정이 계단을 오르는 것과 유사한데 치유의 계단을 한 단씩 오르기 위해서는 곧 믿음의 계단을 한 단씩 올라야 한다. 이를 세속에 적용시키면 심리 치료에서의 단계적 방법론이 된다. 또는 인생의 여정 자체를 흔히 계단에 비유하기도 하는데 이럴 경우 나이를 먹음에 따라 점점 성숙해져가는 과정을 비유하는 것이 된다.

이런 예는 무척 많은데 대표적인 것을 몇 개만 들어보자. 먼저 기독교의 예를 보면, '정로의 계단'이라는 말을 1960년대까지 기독교에서 많이 썼는데 이는 다름 아닌 '주 예수에 이르는 계단(Steps to Christ)'이라는 뜻으로 기독교 교리의 핵심이다. 해긴(Kenneth Hagin)은 《믿음의 계단(New Thresholds of Faith)》이란 책에서 최고의 믿음으로 가는 길을 일곱 계단으로 정리했는데, "하나님 말씀의 성실함 – 그리스도 안에서 우리의 구속 – 새 피조물의 실체 – 하나님 아버지와 우리 사이의 친교의 실체 – 예수 이름의 권세의 실체 – 우리의 의(義)의 실체 –

우리 안에 내주하시는 성령님의 실체"가 그것이다.

이런 개념은 옛날에도 있었다. 14세기 영국의 신비주의 신학자 힐턴(Walter Hilton)은 《완전의 계단(The Stairway of Perfection)》이란 책에서 예수 그리스도 안에 있는 영적인 자매와 교감하는 방법인 묵상(meditation)과 관상(contemplation)에 대해서 자세히 설명하고 있으며 이를 통해 하나님에 대한 완전한 지식과 사랑에 이르게 되는데 이 과정 역시 계단식 단계론으로 정리했다. 믿음의 계단을 내적 치유의 단계에 적용시킨 예로 워딩턴(Everett Worthington)의 《용서와 화해(Forgiving and Reconciling)》를 들 수 있다. 트라우마란 결국 자신이 받은 상처로 인한 증오라는 마음의 병에 걸린 상태인데, 이것은 화해를 통해서만 치유가 가능하며 그러기 위해서는 먼저 용서할 수 있어야 된다는 논리다. '상처를 치유하고 마음을 이어주는 아홉 계단'이란 부제에서 알 수 있듯이, 저자는 용서를 '상처의 회상 – 공감 – 용서의 이타적 선물 – 용서의 선언 – 용서의 지속 – 결단'의 다섯 계단으로, 화해를 '결단 – 대화 – 해독 – 헌신'의 네 계단으로 각각 제시했다.

계단은 인생살이의 비유에도 자주 등장한다. 멘델슨(Edward Mendelson)은 《인생의 일곱 계단(The Things That Matter)》이란 책에서 사람의 인생을 일곱 계단에 비유한 뒤 각 단계를 소재로 다룬 소설들을 대응시키면서 그 의미를 캐내고 있다. '탄생 – 어린 시절 – 성장 – 결혼 – 사랑 – 부모 – 미래'가 그것인데, 예를 들어 탄생에는 메리 셸리의 《프랑켄슈타인》을, 사랑에는 버지니아 울프의 《댈러웨이 부인》을 대응시키는 식이다.

| 07 | # 믿음, 소망, 사랑의 계단

중세 수도사들은 야곱의 사다리에 담긴 이런 내용을 적극적으로 도입했다. 특히 기독교가 물질화되고 권력화되어 가는 데 대한 내부 자정운동으로 일어난 수도회에서 그랬다. 수도원은 서방 기독교가 세속화되어 가는 데 대한 반성운동으로 동방에서 도피운동의 형식으로 4세기에 처음 시작되었다. 야곱의 사다리를 적극 도입한 최초의 예는 7세기 시나이 산 수도원장이었던 클리마코스(St. John Climakos, 579~649년)의 '사다리 신학'이었다. 그는 《천상의 사다리(Scala Paradisi)》라는 저서를 통해 인간이 하나님을 영접해서 하나님과 하나가 되는 과정을 30개의 사다리에 비유했다. 이 책은 33개의 유려한 일러스트레이션으로도 유명한데 이 가운데 상당수는 사다리의 모습을 담고 있다.[3-5]

사다리와 십자가

30개의 사다리는 예수의 생애에서 유추된 것이며, 각 단계의 주제가 장(章) 하나씩을 이루면서 총 30개의 장으로 구성된다. 첫 번째는 포기이며 복종, 온화, 순결, 인내, 가난, 겸손, 분별 등의 단계를 거치게 된다. 이런 단계들은 미덕의 과정으로 습득의 대상이지만 반대로 극복하고

3-5
성 요한 클리마코스의 저서 《천상의 사다리》에 나오는 사다리 그림을 바탕으로 12세기 말 시나이 성 캐서린 수도원에서 그린 도상화

물리쳐야 할 부덕의 단계도 있다. 원한, 비방, 게으름, 무절제, 탐욕, 교만, 자만 등이다. 수도사가 각 단계를 통과해서 사다리를 오를 때마다 사탄은 그를 끌어내려 나락으로 떨어트리려 유혹하고 밑에서 잡아당긴다고 했다. 이를 잘 극복하고 오른 마지막 단계는 '믿음, 소망, 사랑'이며 이것마저 통과하면 예수의 손으로 승리의 왕관을 씌워준다고 했다. 클리마코스의 영향은 꽤 커서 그의 책은 여러 언어로 번역되었으며, 유럽의 중세 수도회에도 영향을 끼쳐 베네딕트 수도회나 시토 수도회 등 절제를 표방한 대부분의 수도회 수도사들은 기도와 노동만으로 평생을 살며 금욕과 겸손의 사다리를 올랐다.

  클리마코스가 제시했던 하나님을 만나는 마지막 단계인 '믿음, 소망, 사랑'은 따로 떼어 별도의 계단 구도에 비유할 수 있다. 이 세 단어는 기독교 정신을 집약적으로 표현한 것인데 이를 단계적 관계로 보아 '세 계단'이라 부르기도 한다. 기독교 정신의 출발은 유일신에 대한 '믿음'이며 하나님을 만날 수 있다는 '소망'의 단계를 거쳐 마지막으로 구원을 받게 되는데 그 구원이란 다름 아닌 '사랑'이라는 가르침이다. 구원을 개인의 행복쯤으로 여기는 잘못된 기복 기독교를 깨우치는 가르침이다. 구원은 믿음만으로는 도달할 수 없으며 믿음의 궁극적 상태인 사랑에 도달해야 가능하다는 가르침이다. 구원을 다른 불신자들이 모두 지옥 유황불에서 고생하는 가운데 나 혼자 휴거를 당해 천국으로 안전하게 입성하는 것쯤으로 여기는 잘못된 믿음에 대한 가르침이다. 구원은 믿음을 바탕으로 지상에 역사적 예수가 했던 것과 같은 사랑을 베풀 때 비로소 가능하다는 가르침이다.

  세 단의 계단은 단테도 《신곡》에서 사용한 개념이다. 단테는 연옥에서 인간이 정죄를 하고 천국으로 들어가기 위해서는 세 단의 계단을 오르며 자신이 범한 일곱 가지의 죄를 회개해야 한다고 했다. 일곱 가지 죄는 오만, 시기, 분노, 태만, 인색과 낭비, 탐식, 애욕이다. 첫 번째 계단은 자신의 죄를 비추는 맑은 양심을, 두 번째 계단은 죄의 고백을, 세 번째 계단은 죄의 형벌을 달게 받으려는 의지를 각각 상징한다. 단테는 세 계단의 형상에 대해서 비교적 자세히 기술하는데 각 계단이 상징하는 내용과 일맥상통한다. "첫 번째 계단은 흰 대리석이었다. 거울처럼 반들반들하게 닦여져 있어 나를 있는 그대로 비춰주었다. 두 번째 계단은 흑자색보다 더 검게 물들여진, 불에 그슬린 거친 돌들이 위로 아래로 옆으로 갈라져 있었다. 세 번째 계단은 맨 위에 무겁게 놓여 있었는데, 이글거리는 불꽃과 같은 것이 핏줄에서 터져 나오는 피처럼 보였다."가 그 부분이다.

  로마 시내에는 예수의 고난이 서린 장소에 계단을 세워 더 직접적으로 기독교 정신을 되새기는 건물도 있다. '성스러운 계단'이라는 뜻의 스칼라 산타(Scala Santa, 1585~1598년)이다. 성 요한 라테란 대성당 맞은편에 위치하는데, 예수가 폰티우스 필라테에게 재판을 받기 위해 끌려가며 오르던 계단이라고 믿어지는 곳이다. 이 계단을 그대로 살려 치장하고 위에 볼트 천장을 씌워 성소로 만들었다. 사람들은 계단에 무릎을 꿇고 기도를 올린다. 이 건물 자체는 교황 식스투스 5세가 건축가 폰타나(Domenico fontana)에게 의뢰해서 성 라우렌시오 예배당의 일부분으로 16세기에 지은 것이다.[3-6]

3-6
도메니코 몬타나, 스칼라 산타, 이탈리아 로마,
1585~1598년

'예수의 십자가 처형'과 '강가'

이런 단계를 형식화한 구조물인 교회 계단은 결코 웅장하거나 단 수가 많을 필요가 없다. 실제로 소박한 소수의 단만으로 기독교 계단을 활용한 예가 있는데 잉글랜드(Richard England)라는 건축가가 대표적 예이다. 그는 몰타를 본거지로 많은 교회 작품을 남겼는데, 다른 어떤 현대 건축가들보다 계단을 즐겨 사용했다. 일부 교회에서 옥외에 계단을 둘 경우 단 수가 제법 되기는 하지만 실내에 있는 제단이나 성소에는 다섯 단 안팎의 적은 단 수를 사용한다. 이런 처리는 소박하면서도 차분한 분위기를 주는데, 이것은 고대 오리엔트 종교에 사용된 웅장한 곧은 계단 모티프와 반대되는 개념으로 볼 수 있다.

그 차이는 사랑의 유무에 있었다. 고대 종교는 우주론적 산을 지상에 축조하며 영웅주의를 추구하기는 했지만 인간을 향한 사랑의 개념은 결여되어 있었다. 앙천은 지상에서의 영광 자체에만 치중되었다. 반면 기독교의 앙천은 죄에 시달리는 인간을 향한 사랑이 목적으로 갖는 점에서 결정적 차이가 난다. 기독교의 계단은 웅장할 필요가 없었다. 사랑이 웅장하지 않기 때문이다. 소망은 소박하지만 믿음 위에 굳건히 설 경우 모든 죄를 구원 받는 사랑으로 귀결될 수 있는데, 이것을 표현하는 계단은 세 단이면 충분했다.

잉글랜드의 교회 작품들에서는 이런 기조가 확실히 읽힌다. 그는 축복 받은 고르그 프레카 발타, 므디나 가톨릭 박물관, 성 요셉 교회, 프란체스코 명상 예배당, 아돌로라타 묘지 장례 예배당, 교황 파빌리온 등의 여러 작품에서 이런 처리를 공통적으로 사용하고 있다. 대부분의 현대 건축가들이 교회에서 계단보다는 빛 처리에 역량을 집중시키는 데 반해 잉글랜드는 계단에 집중하는 몇 안 되는 건축가 가운데 한 명이다. 그의 계단은 소박하고 미약하나 기독교적 의미는 확실하다. 프란체스코 명상 예배당이 특히 좋은 예이다.[37] 이 건물에는 깊숙한 곳에 사람 키에 천장이 닿을 정도로 아늑한 기도실을 만들었는데 다섯 단의 계단 위에 놓인 십자가가 방을 가득 채우고 있다. 방의 윤곽은 반듯하지 않고 비뚤비뚤한데 오히려 소박한 친근감을 준다. 아늑한 크기와 다섯 단의 계단이라는 개념과 잘 어울린다.

계단의 끝에 십자가를 둔 것은 야곱의 사다리를 예수의 보혈과 연관 지어 구원의 의미로 정의한 것이다. 무릎을 꿇으면 십자가가 눈높이에 닿는다. 십자가는 저 멀리 높은 곳에 있지 않고 고통 받는 죄인들 사

3-7
리처드 잉글랜드, 프란체스코 명상 예배당, 몰타

이에 있다. 야곱의 사다리는 하늘로 오르는 길이긴 하지만 그 길은 늘 우리 곁에 있다. 수십 미터를 가로지르는 웅장한 제식이 아니라 소망스러운 믿음으로 우리 마음속에 늘 내재한다. 보혈로 인간의 죄를 대신 갚은 역사적 예수의 사랑을 좇을 준비가 된 사람은 이 계단을 다 오를 수 있다. 그 끝에는 사랑이라는 구원이 있다.

이상과 같이 야곱의 사다리는 십자가와 특별한 관계를 가지면서 구원을 상징하는 기독교적 의미를 갖게 되는데 '예수의 십자가 처형(Crucifixion)'과 '강가(Deposition)'의 두 가지다. 두 주제를 다룬 그림들을 보면 대부분 사다리가 등장한다. 이때 사다리는 물론 사람을 십자가에 매달거나 십자가에서 내리는 데 쓰이는 기능적 도구일 수 있으나

3-8
프라 안젤리코, 〈십자가에 못 박히고 있는 예수〉, 1450년경

3-9
야코보 산소비노, 〈강가〉, 1508~1510년

이것이 예수에 오게 되면 기독교적으로 중요한 의미를 갖게 된다. 미술 작품에는 이를 소재로 활용한 예가 많다. 르네상스 성화 가운데에는 십자가와 사다리를 결합시킨 작품이 많은데, 안젤리코(Fra Angelico)의 〈십자가에 못 박히고 있는 예수(Christ being Nailed on the Cross)〉라는 작품은 '예수의 십자가 처형'을, 산소비노(Jacopo Sansovino)의 〈강가(Deposition)〉라는 작품은 '강가'를 잘 보여주는 좋은 예이다.[3-8, 3-9]

안젤리코의 작품은 그가 그린 예수 수난기(Passion) 시리즈의 하나인데, 안젤리코뿐 아니라 예수의 십자가 처형을 그린 대부분의 성화들이 처형이 끝나고 십자가에 매달려 있는 장면을 그리지 이처럼 처형당하는 진행형 장면을 그린 경우는 매우 드물다. 이것은 그만큼 예수 수난기를 극화한 것으로 볼 수 있는데, 십자가에서 죽어가며 예수가 "이제 모두 이루었도다."라고 말했듯이 예수의 십자가 처형은 하나님의 구원 계획의 클라이맥스를 이룬다. 이런 해석을 통해 사다리는 십자가와 동등한 기독교적 의미와 중요도를 갖는다. 이런 이유로 예수의 십자가 처형을 그린 작품들에는 사다리가 많이 등장하는 편이다.

'강가'라는 개념도 이것의 일환이다. 십자가에 못 박혀 죽은 예수를 내려놓아야 십자가 처형의 의미가 완성되기 때문이다. 산소비노의 작품에서 사다리는 십자가를 통해 하나님이 약속한 구원의 계획을 최종적으로 완성시키는 상징적 의미를 갖는다. 이 작품에서는 예수와 함께 처형 당한 좋은 도둑과 나쁜 도둑도 함께 등장하면서 성경의 내용에 충실한 특징을 보인다. 왼쪽이 좋은 도둑이고 오른쪽이 나쁜 도둑이다. 오른쪽 바닥에는 마리아 막달레나가 슬픔에 겨워 쓰러져 있고 요한과 또 한 명의 여인이 그녀를 일으켜 세우려 하고 있으며 또 다른 사람은 십자가를 붙들고 애통해하고 있다.

천지창조와 에덴동산

카탈루냐의 기독교 사상가 룰(Ramon Lull, 1235~1316년)도 사다리를 적극 활용한 대표적인 예이다. 그는 다양한 만물 현상 뒤에 숨어 있는 우주의 작동 법칙이 하나의 절대 원리로 귀결될 수 있다고 믿었으며 이 것을 '아트(Art)'라고 불렀다. 창조란 '아트'가 지성의 형식으로 드러나면서 사다리를 타고 오르내리는 작용의 산물이라고 했다.[3-10] 이런 주장은 그의 저서 《지능의 상승과 하강(Liber de Ascesnsu et Descensu Intellectus)》에 잘 나타나 있다. 이것은 기독교의 창조론에 과학의 논리성을 결부시킨 시각으로 볼 수 있다. 이를 바탕으로 아브라함을 공통의

3-10
자신의 '아트 사다리' 앞에 서 있는 라몬 룰을 묘사한 14세기 미니어처

조상으로 섬기는 3대 종교인 기독교, 유대교, 이슬람 사이의 차이와 대립을 지우려 노력했다. 이런 그의 사상은 룰리즘(Lullism)이라는 하나의 학파로 정착되면서 도미니크 수도회와 프란체스코 수도회에 적지 않은 영향을 끼쳤다.

    사다리를 매개로 한 룰의 영향에 대해서는 영국의 사상가이자 종교학자인 예츠(Frances Yates, 1899~1981년)의《기억의 기술(The Art of Memory)》(1966년) 8장에 자세히 나와 있다. 예츠는 룰의 아트를 종교적 기억의 관점에서 해석하고 있다. 이때 기억이란 일차적으로는 우리가 통상 알고 있는 개념의 기억이지만 이것을 기독교에 적용할 경우에는 '하나님에 대한 믿음을 잊지 않게 해주는 신앙심의 지속'의 의미가 된다. 룰은 이런 지속이 창조의 사다리가 만들어놓은 우주의 구조를 알면

3-11
라몬 룰이 자신의 저서 《지능의 상승과 하강》에서 우주의 구조를 사다리에 유추해 설명하는 그림, 1312년

가능한 것으로 보았다. 룰에 따르면, 우주는 '신 - 천사 - 12궁(zodiac) 및 행성 - 인간 - 상상력 - 동물 - 식물 - 4원소 - 과학과 학문'의 순서로 사다리 구조로 이루어진다고 했다.³⁻¹¹

이런 구도는 성경에 분산되어 나오는 우주 구조에 관한 대목들을 하나로 정리한 위에 중세까지 축적된 과학 지식을 접목시킨 것이다. 우주 구조는 사다리를 이루는데 여기에 삼위일체론을 대응시키면 이 사다리를 오르내리는 것이 하나님의 창조 행위라는 주장이 성립된다. 상승은 승천과 같기 때문에 곧 성부의 의미가 되며, 하강은 하나님이 인간의 몸으로 이 땅에 오신 예수의 의미로서 성자가 된다. 창조의 완성은 《구약성경》〈창세기〉의 천지창조로 끝나는 것이 아니라 인간이 지은 원죄까지 용서 받아 구원의 길을 열어놓음으로써 비로소 이루어지는 것이다. 이것은 하나님이 예수의 존재로 이 땅에 하강함으로써 완성되는데 이것이 하나님의 아들 성자(聖子)의 개념이다.

룰의 기독교관은 단테에서 반복된다. 단테는 《신곡》에서 자신이 경험한 천국에 대해서 기술하고 있는데 그 구조가 사다리의 단계론과 동심원을 결합한 형태이다.³⁻¹² 천국은 모두 세 구역으로 이루어지며 첫 번째 구역은 다시 아홉 개의 고리로 이루어진다. 가장 낮은 단계인 월 천에서 시작해서 '수성천 - 금성천 - 화성천 - 목성천 - 토성천 - 항성천'을 거쳐 원동천에 이른다. 이는 다름 아닌 태양계의 행성 구도이다. 하나님의 창조를 천문학의 지식에 결합시킨 것이다. 이상의 첫 번째 구역을 통과하면 최고의 하늘인 정화천에 오르며 그 밖으로 마지막 구역인 천사들의 고리로 둘러싸인 하나님의 영역을 만날 수 있다. 이곳이 구원이 완성되는 단계이다. 이상의 단계를 이끌어주는 것은 찬란한 빛

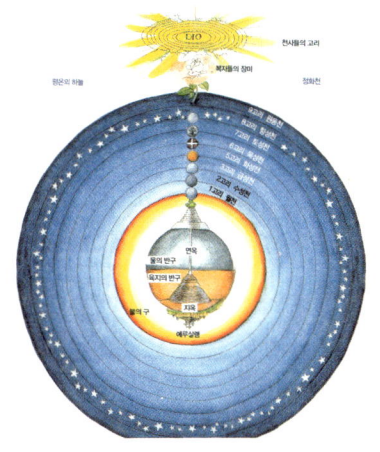

3-12
단테의 《신곡》에 나오는 천국의 구조. 태양계를 구성하는 행성을 사다리 구조와 결합시킨 것인데 천문학의 지식을 받아들인 해석으로 라몬 룰의 방법론과 동일하다.

이다.

　예술적으로 보면 유럽의 성화에 자주 등장하는 장면 가운데 하나인 구름 사이로 비치는 빛도 야곱의 사다리다.3-13 이 장면은 주로 하나님의 존재를 그림으로 표현한 것이기도 한데, 원래 의미는 야곱의 사다리다. 둘이 같을 수 있는 근거는 삼위일체론이다. 야곱의 사다리와 관련한 성경 구절은 성령이 임하신 대표적인 경우 가운데 하나인데 삼위일체론에 의해 이것이 성부와 같아지기 때문이다. 이것을 확장하면 야곱의 사다리는 인간세계와 하늘 세계를 이어주는 끈으로 정의할 수 있다. 이 정의는 낙원론 및 원죄론과 맞닿아 있다. 인간세계와 하늘 세계는 원래 하나였는데 사탄의 유혹에 넘어간 인간들의 교만과 욕망 때문에 인간세계가 하늘 세계에서 떨어져 나오면서 타락이 시작되었다는 것이다. 하늘 세계와 하나였던 원래의 인간세계는 다름 아닌 하나님이 태초에 인간을 지어 살게 해주셨던 낙원으로서의 에덴동산이며, 이것을

3-13
야곱의 꿈을 그린 아비뇽 스쿨 그림, 작가 미상, 16세기

3-14
〈야곱의 꿈과 사계〉, 도자기, 영국 런던, 1660년

하늘 세계와 분리시켜 실낙원으로 만든 데 인간의 원죄가 있는 것이다.
    미술 작품 가운데에는 야곱의 사다리를 에덴동산과 연계시킨 예가 몇 있는데 '야곱의 꿈과 사계'라는 제목이 붙은 영국 도자기 접시를 대표적 예로 들 수 있다.3-14 중앙의 큰 원에는 야곱의 사다리를 그린 장면이 있고 그 주위로 네 개의 작은 원에는 사계를 각각 그려 넣었는데 그 내용을 자세히 보면 에덴동산의 장면을 가져다 쓰고 있다. 이것은 야곱의 사다리를 제대로 올라 하나님을 만나게 되면 그곳이 바로 원죄에 의한 인간의 타락이 일어나기 전의 낙원인 에덴동산이라는 상징적 의미를 담고 있다.

　　정신적으로 보더라도 원래 하나님의 영적 세계에 속해 있던 인간의 영혼이 타락과 함께 하나님과 분리됨으로써 인간들은 항상 이유도 모르고 끝도 없는 불안과 공포에 시달리게 되었다는 것이다. 포도나무에 붙어 있어야 생명력으로 넘쳐나서 탱글탱글할 포도가 가지에서 떨어짐으로써 시들어 썩게 된다는 그 유명한 '포도나무의 비유'이다. 야곱의 사다리는 인간세계와 하늘 세계를 하나로 이어줌으로써 이런 여러 불행을 치유하는 구원의 끈이다. 〈구원의 배에 올라탄 선원 아기예

3-15
〈구원의 배에 올라탄 선원 아기예수〉, 상아 공예품, 인도, 16세기 후반

수(Christ child as Mariner on the Ship of Salvation)〉라는 16세기 후반 인도의 상아 공예품은 이런 내용을 잘 보여준다.[3-15] 이 작품에서 아기예수는 왼손으로 돛을 잡으며 구원의 뱃길을 항해하는데 오른손에는 십자가를 들고 있고 큰 사다리가 배경을 이룬다. 성경에는 야곱의 사다리만큼 구원을 직접적으로 상징하는 물건이 없기 때문에 이 사다리는 야곱의 사다리를 표현한 것으로 볼 수 있다.

이런 사다리는 기독교의 전유물은 아니며 여러 종교에 등장하는데 그 뜻은 대체적으로 하늘과 땅을 이어주는 가교로서 비슷하다. 기독교처럼 하늘과 땅을 이어준다는 의미를 직접적으로 강조하기도 하고 현실과 초월, 죽음과 영생, 승천과 하강, 어둠과 빛 등의 다양한 쌍 개념 사이의 가교로 환원되기도 한다. 시기적으로 보면 대부분 기독교보다 늦은 것들이나 일부는 동시대이거나 앞선 것도 있다. 몇 가지 대표적인 예를 들면 다음과 같다.

미트라교에서는 하늘이 일곱 단계의 위계로 구성되었다고 보는데 이를 사다리에 비유한다. 페르시아의 신비주의 시인 루미(Jalalu'ddin Rumi, 1207~1273년)도 사다리의 은유를 사용한다. 그는 영적 힘과 종교의 원천을 사랑이라고 단정 지으며 사랑이 구현되는 방식과 사랑이 줄 수 있는 기적 등에 대해서 다양한 비유를 하고 있는데, 이 가운데 핵심적 내용이 '하늘에 이르는 사다리' 라는 것이다. 무함마드도 예루살렘의 한 신전에서 천사가 사다리를 오르내리는 꿈을 꾸었는데 야곱의 꿈과 흡사한 것이었다. 무함마드의 사다리 꿈은 이것을 타고 올라가 알라신을 만났다는 데까지 발전한다. 내세사상이 지배하던 이집트에서는 내세를 오가는 교통수단으로 배와 사다리를 들었다. 파라오의 무덤에는 주로 배를 넣었으며, 귀족의 무덤에는 사다리를 넣었다. 북아시아 샤머니즘에서는 샤먼이 신과 소통하는 통로가 사다리라고 믿었으며, 아메리칸 인디언들은 무지개가 하늘나라로 가는 사다리라 믿었다.

08 야곱의 사다리와 바벨탑

야곱의 사다리는 서양 미술에서 많이 사용하는 주제이다. 앞에 소개된 예 이외에 몇 개를 더 보자. 중세와 르네상스 시대에는 성경의 내용에 충실해서 주로 하나님의 축복이나 구원을 상징하는 소재로 그려졌다. 13세기 도미니크 수도회의 미사전서에 수록된 일러스트에는 야곱의 사다리에 걸터앉은 구알라라는 성직자가 하나님을 만나 축복 받는 모습을 그리고 있다.³⁻¹⁶ 사다리를 다 오르지는 않았지만 야곱의 사다리가 상징하는 단계론적 기독교가 중세 수도사들에게 가졌던 의미를 잘 보여주고 있다. 이런 내용은 앞에서 소개한 클리마코스에서 룰에 이르는 사다리 신학의 계보에 속하는 것으로 볼 수 있다.

16세기 이탈리아에서 그린 다이어그램에는 구원에 이르는 길을 역시 사다리로 표현했는데 주기도문과 성모송(聖母誦)을 많이 할수록 사다리의 위로 올라가서 하늘나라에 가까이 간다고 했다. 주기도문은 〈마태복음〉 6장 9~13절에 나오는 내용으로 "하늘에 계신 우리 아버지, 이름을 거룩하게 하시오며"로 시작해서 "나라와 권세와 영광이 영원히 아버지의 것이옵나이다."로 끝나는 유명한 구절이다. 성모송은 〈누가복음〉 1장 28절과 42절에 나오는 구절로 성모 마리아에게 올리는

3-16
도미니쿠스가 죽었을 때 야곱의 사다리에 걸터앉아 축복 받은 구알라의 모습을 그린 레겐스부르크 도미니크 수도회 미사전서, 13세기

기도인데, "천사가 안으로 들어가서, 마리아에게 말하였다. '은혜를 입은 사람아, 기뻐하여라. 주께서 너와 함께 계신다.' …… '그대는 여자들 가운데서 복을 받고, 그대의 태 속에 있는 열매도 복을 받았습니다.'"라는 내용이다.

블레이크와 샤갈의 계단

근현대로 넘어오면 19세기 초 블레이크(William Blake)와 20세기 초 샤갈(Marc Chagall)이 야곱의 사다리를 그린 대표적 화가이다. 두 사람 모두 야곱의 사다리를 여전히 구원의 의미로 해석하는 입장을 이어받고 있다. 차이가 있다면 이전에는 특별한 이유나 목적 없이 당연사로서 성경 내용 자체에 집중했던 데 반해 두 사람에 오면 급변하는 시대 상황에 대한 대안으로 야곱의 사다리를 정의한다는 점이다. 이전에는 기독교 문명이었기 때문에 성경 내용이 대안이 아닌 당연한 핵심 주제였다. 반면 두 사람에 오면 기독교가 물질문명에 밀려 크게 쇠퇴하는데 이런 상황에서 구원의 주제를 통해 기독교의 부활을 시도하면서 야곱의 사다리를 제시한 것이다.

블레이크는 낭만주의와 신비주의를 혼합한 자신만의 독특한 화풍을 개발한 영국의 화가이자 시인이다. 그는 판에 박은 전통의 반복에 반발한 당대의 천재였는데 화풍만 그런 것이 아니라 정치적으로나 종교적인 입장에서도 그랬다. 프랑스 대혁명을 열렬히 지지했으며 대혁명과 연관된 숭고미 개념을 자신의 화풍에 반영하여 정치와 미술을 하나로 합하려 했다. 종교적 입장에서는 18세기 영국에 불던 이신교(理信敎)나 자연신사상 같은 이성주의에 반대해서 개인의 내적 체험을 중시하는 신비주의를 주장했다.

블레이크는 이런 자신의 생각을 19개의 일루미네이티드 북스(Illuminated Books)에 시와 함께 그려서 출간했는데 자신의 정치적이고 종교적인 주장을 뒷받침하는 내용과 성경의 내용을 그린 그림이 주를 이루었다. 〈야곱의 꿈(Jacob's Dream)〉은 이 책들에 수록된 그림은 아니고 하급 공무원이던 버츠(Thomas Butts)가 주문한 50개의 성경 주제 그림 가운데 하나이다.[3-17] 이 그림에서 야곱의 사다리는 블레이크 특유

3-17
윌리엄 블레이크, 〈야곱의 꿈〉, 1809년

의 소용돌이치는 곡선이 만들어내는 나선형 계단으로 그려진다. 근심 걱정 없는 행복한 모습의 천사들이 유영하듯 계단을 오르내리고 있다. 블레이크는 산업혁명 초기의 물질주의를 강하게 경고한 급진주의자였고 이를 주장하기 위해 특히 성경의 내용을 많이 그렸다. 이 그림 역시 물질주의에 대한 경고성 대안으로 기독교 정신에 기초한 신비한 내적 체험을 주장하고 있다.

　샤갈도 블레이크와 유사한 입장을 견지했다. 샤갈은 두 번의 세계 대전과 점점 물질화되어 가는 서구 사회를 경험하면서 정신적 가치가 지배하는 이상향을 추구했는데 성경의 주제는 핵심을 차지했다. 또한 블레이크처럼 특정 사조에 속하지 않고 자신만의 독특한 화풍을 창출해서 자신의 주장에 대한 설득력을 최대화했다. 샤갈은 특히 큰 날개를 단 천사에 집착해서 하늘과 땅 사이를 연계한 이상향을 꿈꿨다. 이외에도 십자가, 성모마리아, 모세 등 기독교 주제를 많이 그렸다. 십자가를 소재로 그린 그림들에는 예수의 십자가 처형을 야곱의 사다리와 연계

마르크 샤갈, 〈하얀 십자가 처형〉, 1938년

3-19
마르크 샤갈, 〈야곱의 꿈〉, 1957~1964년

시키려는 서양 미술의 전통을 이어받아 십자가 옆에 사다리를 함께 등장시켰다. 〈갈보리〉, 〈하얀 십자가 처형〉, 〈노란 십자가 처형〉 등이 십자가와 사다리가 함께 그려진 대표적 예들이다.[3-18] 〈야곱의 꿈〉은 야곱의 사다리를 소재로 삼아 물질에 찌든 현대인에 대한 구원의 메시지를 전달한다.[3-19] 상징주의, 야수파, 초현실주의 등이 혼합된 비정형 구상 화풍인데 영원을 상징하는 푸른색이 화폭 전체를 가득 메우면서 신비주의 분위기를 주고 있다.

브뤼헐의 바벨탑

이상과 같은 야곱의 사다리의 의미는 바벨탑과 짝으로 대비시켜 비교하면 이해하기 쉽다. 바벨탑은 초대 교회가 성립된 이래 서양에서 다양하게 재해석되면서 미술 소재로 그려졌다. 중세에서 르네상스에 이르는 시기에 특히 집중되는데 그 내용은 양면적이다. 제일 먼저 생각할 수 있는 것은 야곱의 사다리에 대비되는 개념으로 비판의 대상이다. 브뤼헐(Peter Bruegel the elder)의 〈바벨탑〉은 대표적 예이다.[3-20] 브뤼헐은 서양 회화의 전통적 주제들에 인본주의적 정신을 더해 르네상스다운

3-20
피터르 브뤼헐 1세, 〈바벨탑〉

지평을 넓힌 대표적 화가인데 기독교 주제가 좋은 예이다. 그는 전통적 기독교 중심 세계관을 반복하고 강조하는 입장을 견지하는데 주제와 소재, 표현 기법 등에서 인본주의 요소를 도입하는 발전을 보였다. 이 때 인본주의 요소는 통상적으로 르네상스와 연관 지어 얘기되는 인간 중심의 가치를 고양시키려는 목적을 갖지는 않는다. 오히려 그 반대로 기독교의 가치를 강조하기 위한 대비적 요소로 사용되는데, 이 때문에 그의 그림에서 인본주의 요소는 부정적으로 그려지기도 한다.

〈바벨탑〉도 마찬가지여서 전형적인 메소포타미아 지구라트가 아닌 로마 고전주의를 대표하는 콜로세움을 건물 모델로 삼는다. 이교도의 대표 건축물을 사용한 것은 바벨탑에 드러난 인간 욕망의 위험성을 경고하기 위해서이다. 콜로세움을 웬만한 도시 하나에 버금가는 초월적 규모로 그렸고, 이것은 공포감마저 주면서 로마다운 세속성을 상징한다. 실제로 콜로세움 안에서는 검투사 시합 등 기독교 정신에 어긋나는 인간적 쾌락이 추구되었다. 브뤼헐은 이런 콜로세움이 〈창세기〉의 바벨탑 구절에 나타난 인간 욕심을 대표하는 구조물이라고 보았다.

브뤼헐의 바벨탑은 콜로세움의 건축적 구성(세 단 수직 층 쌓기)을 기본 모티프로 삼아 나선형으로 감아 올라가는 구조로 이루어진다. 정상부는 콜로세움의 기초 부가 받치고 있고 구름에 쌓여 있지만 정작 그 위의 건물은 불안하고 조화를 잃은 모습이다. 구름에 쌓여 있다는 것은 높이 올라갔다는 말이고 이것을 이룬 것은 로마 실용 문명을 상징하는 토목 기술이다. 그러나 콜로세움 속에서 벌어진 행위가 인간 욕심의 대명사인 것을 볼 때 그 기술을 바탕으로 위로 쌓아올린 거대 탑 역시 부질없는 욕망만 키운 것일 뿐이다. 하나님을 만나러 가는 목적이 아닌 인간의 쾌락과 욕심만을 위한 수직 구조물은 모두 불완전해질 수밖에 없다는 경고이다. 전체적인 분위기도 정리가 안 된 혼란스러운 상태로 표현된다. 마치 체한 것처럼 꽉 찬 인간의 욕심을 보는 것 같다.

바벨탑을 부정적으로 보려는 시각 가운데 또 다른 대표적 예로 연옥이나 림보를 바벨탑으로 그리는 경우이다. 연옥(煉獄, Purgatory)은 〈마카베오서〉 12장 39~46절에 나오는 내용을 근거로 삼는다. 사람들은 죽었을 때 많은 경우 천국이나 지옥 가운데 한 곳으로 바로 보내질 만큼 죄에 대한 판단이 명확하게 나오지 않기 때문에 일종의 중간 영역에 머물면서 불로써 영혼을 정화한다는 내용인데 이곳이 바로 연옥이다. 정화는 정죄의 형태를 띠기도 하는데 어쨌든 지옥보다는 덜 하지만 일시적 고난의 상태이다. 연옥의 대표적 경우가 림보(Limbo)로, 이는 기독교를 접할 기회가 없었으나 죄를 짓지 않고 착하게 살았던 영혼이 머무는 림보 파트룸(Limbo Patrum)과 아직 세례를 받지 못하고 죽은 어린아이의 영혼이 머무는 림보 인판티움(Limbo Infantium)으로 나뉜다.

림보는 지옥의 변방으로 정의되지만 정죄가 일어나는 연옥과 달리 죄를 짓지 않았기 때문에 천국으로 들어가기 위해 대기하는 장소이다. 이는 기독교가 아직 전도되지 않은 지역에 사는 사람들에게 구원의 길을 터주기 위한 목적을 갖지만 확장하면 선행을 구원의 중요한 조건으로 보는 가톨릭의 교리를 반영한다. 그 근거는 〈누가복음〉 16장 22절과 23장 43절에 나온다. 살아서 남에게 고통을 안겨주며 돈을 모은 부자는 지옥으로 가며, 예수가 십자가에 처형될 때 옆에서 같이 처형당했던 착한 도둑에게 예수가 "내가 진정으로 네게 말한다. 너는 오늘 나와 함께 낙원에 있을 것이다."라는 구절이 그것이다.

3-21
도메니코 디 미켈리노, 〈단테와 세 왕국〉, 1465년

　미켈리노(Domenico di Michelino)의 〈단테와 세 왕국(Dante and the Three Kingdoms)〉이란 그림은 림보를 보여주는 좋은 예이다.[3-21] 이 그림에서 단테는 피렌체를 배경으로 삼아 자신의 저서 《신곡》을 들고 서 있다. 오른쪽으로는 피렌체 대성당 같은 도시 장면이 나오며, 중앙에는 연옥이, 왼쪽 아래에는 지옥이, 하늘에는 천국이 각각 그려져 있다. 이때 연옥이 바로 림보로 메소포타미아 식 나선형 바벨탑으로 묘사되어 있었다. 단테는 연옥에서 세 번의 낮과 세 번의 밤을 보내면서 보고 겪은 것을 적고 있는데, 앞에서 천국으로 가기 위한 세 번의 회개를 상징하는 세 단의 계단이 등장하는 것도 바로 이 대목이다. 이전까지 기

독교를 몰랐던 사람들은 연옥에서 천사의 도움과 인도를 받아 자신들의 죄를 회개하고 밝은 빛을 좇아 기독교를 알게 된다.

미켈리노의 그림에 등장하는 림보는 이보다 조금 뒤인 15세기 후반 피렌체 필사본에 매우 유사한 모습으로 등장한다. 지식의 언덕(Hill of Knowledge)을 상징하는 그림인데 바로 나선형 바벨탑으로 그려져 있다.3-22 이는 인본주의의 시대가 열리고 유럽에 대학교가 창설되면서 학문의 종류를 사다리 구조로 정리한 것인데 제일 아래쪽에서 문법론의 문을 통과하면 대수학 – 논리학 – 음악 – 천문학 – 기하학 – 수사학의 순서를 거쳐 마지막 정상의 신학에 도달하게 된다. 이런 구조에 대한 해석은 양면적일 수 있다. 우선, 정상에 신학을 둔 점에서 앞에 나왔던 룰의 《지능의 상승과 하강》의 연장선에서 기독교적 사다리 신학을 학문의 종류에 대응시킨 것으로 볼 수 있다. 또는 이와 반대로 인본주의를 구성하는 학문의 종류를 대응시킨 점에서 바벨탑의 욕망을 부정적으로 보는 시각이 반영된 것으로 볼 수 있다. 이럴 경우 림보와 유

3-22
15세기 후반 피렌체 필사본에 등장하는 지식의 언덕을 그린 그림. 단테의 《신곡》에 등장하는 림보성과 거의 흡사하다.

사한 의미를 갖는 것으로 정의할 수 있다.

바벨탑에 대한 해석은 반드시 부정적인 것만은 아니어서 의외로 바벨탑을 호의적 입장에서 그린 그림도 많다. 특히 중세 때 성당 축조와 관련해서 고딕 성당을 기독교판 바벨탑으로 인식하는 그림이 많다. 바벨탑 공사 장면을 그린 그림과 성당 축조 장면을 그린 그림이 별 차이 없이 유사한 것이 증거이다. 바벨탑을 찬양까지는 안 하더라도 최소한 선악의 판단 입장은 배제한 채 중립적으로 그린 그림이 많다. 1250년경 프랑스 성경 사본에 나오는 바벨탑 공사 장면과 15세기 말 가톨릭 일과 기도서에 나오는 중세 성당 공사 장면을 비교해보면 큰 차이가 없음을 알 수 있다.^{3-23, 3-24} 바벨탑 공사 장면은 더 이상 어둡거나 부정적

3-23
〈창세기〉 바벨탑 공사 내용을 그린 프랑스 성경 사본 장면, 1250년경

3-24
중세 성당 공사 장면을 그린 라틴어 가톨릭 일과 기도서 장면, 1475~1500년

으로 그려지지 않는데, 이런 분위기는 성당 공사 장면에 그대로 계승되고 있다.

이런 유사성으로 미루어 중세에는 성당을 하나님이 허락한 바벨탑의 개념으로 인식하고 있었음을 알 수 있다. 또는 바벨탑이 고딕 성당의 앙천성에 대한 모델이 되었을 수 있다. 이런 관점에서 보면 고딕 성당은 수직 탑 건축물을 갖지 못했던 이스라엘과 유럽 민족이 그 열등감을 해소하기 위해 애쓴 2000년의 긴 역사의 결실로 볼 수 있다. 기원전 2500년 전부터 수직 탑 건축물을 세웠던 메소포타미아 문명과 달리 이스라엘은 그런 구조물을 갖지 못했으며 이런 현상은 유럽 초대 교회까지 이어져 큰 열등감으로 남았다. 바벨탑의 저주 구절로 열등감을 달랬지만 다른 한편 유럽 민족들은 수직 건축물을 세우려 부단한 노력을 했다. 이것은 로마네스크부터 시작되었는데 외관에 더해진 수직 첨탑을 통해 일차 완성을 보았다. 고딕 성당에서는 높은 실내 천장으로 가일층 발전을 이루었다. 바벨탑에 대한 열등감을 야곱의 사다리 개념이 추가된 새로운 수직 건축물로 대체하는 데 성공한 것이다. 유럽의 중세 가톨릭은 부패로 비극적 막을 내렸지만 적어도 계단의 관점에서 보면 바벨탑 구절에 나온 열등감을 극복하고 지상에서 가장 아름다운 수직 구조물 가운데 하나인 고딕 성당을 완성한 시기였다.

4장

기능에 충실한 계단을 만들다

—

그리스 - 로마

09　　　　　　　　**휴먼 스케일의 그리스 계단**

초월적 존재에 의존하던 고대 오리엔트의 청동기 문명이 막을 내리고 인간의 힘과 이성에 의존하는 그리스와 로마의 철기 문명이 막을 올리면서 계단 개념도 바뀌었다. 비현실적이고 비효율적인 웅장한 곧은 계단은 사라지고 기능에 충실한 상식적 계단이 주를 이루었다. 이런 변화는 일반론적 관점에서 건축 양식 자체의 변화에 따른 것이기도 했다. 철기시대에 들어와 사회가 다원화되고 일상생활이 세분화되면서 건축에서도 거석 기념비 대신 다양한 실용적 유형이 등장했다. 이런 건물들에서 계단은 권위보다는 실속 위주로 지어졌다. 신전은 여전히 핵심적 유형이었지만 철기 문화로 진입하면서 오더 같은 섬세한 상징 부재로 관심이 옮겨갔다. 계단도 이런 변화에 따라야 했다. 계단의 과도한 사용을 통해 종교심을 유발하는 일은 이제 옛일이 되었다.

이런 변화는 그리스와 로마 시대 전반에 걸쳐 나타났지만 차이도 있었다. 그리스 시대에는 계단이 크게 위축되었다. 인체 비례를 미적 모델로 삼으면서 규모가 휴먼 스케일 내로 들어왔다. 종교도 바뀌었다. 그리스의 신들은 다 알다시피 고대 오리엔트에서처럼 초월적이지 않았다. 인간사를 옮겨놓은 것, 또는 인간사를 대표 유형으로 형식화한 것에 가까웠다. 그리스 시대는 또한 서양 문명의 역사에서 비교적 친자연적 가치관이 미덕이던 때였다. 이 때문에 신전은 가급적 땅에 바짝 붙으려 했다. 신전 자체가 하늘과 땅 사이의 완충 영역으로 정의되었다. 하늘과 땅이라는 이분법 대립 구도를 완화시키거나 통합해주는 제3의 중간 영역이라는 뜻이다.

땅과 하나된 친자연적 계단

그리스 신전은 조금만 떨어져서 봐도 땅에서 바로 솟아오른 것처럼, 또는 땅의 일부인 것처럼 인위적 수직성은 느껴지지 않는다. 땅에 찰싹 붙어서 땅과 하나가 되어 있다. 친자연적 세계관의 산물인 이런 특징을 18세기 건축가들은 낭만주의의 모델로 삼기도 했다. 언뜻 보면 계단 없이 바로 아주 낮은 기단 위에 올라타고 있는 것처럼 보이나 가까이 가서 보면 계단이 있긴 하다. '크레피도마(crepidoma)'라고 부르는 계단형 기단이다. 이번에도 그 크기를 잘못 추측하기 쉬운데 멀리서 보면 보통 계단처럼 보이나 실제 크기는 상식의 범위를 벗어난다. 파르테논의 경우 챌판은 53센티미터, 발판의 깊이는 71센티미터이다.[4-1] 모두 표준 크기의 세 배에 가까운 수치다.

    그 대신 단 수가 적어서 세 단이 표준형이다. 이 정도면 53센티미터의 챌판도 어렵긴 하지만 오를 수 있다. 이 높이에 세 단을 넘어서면 진짜 힘들어진다. 3이라는 숫자는 이런 기능적 측면 이외에 그리스 신전 전체에서 중요한 상징성을 가지며 여러 곳에 사용되는데 크레피도마의 세 단 계단도 그 중 하나이다. 상징성은 '양자 사이의 완충지대'이다. 신전 자체가 하늘과 땅 사이의 완충 영역이며, 이런 분할은 규모

4-1
파르테논 신전의 기단 계단인 크레피도마. 높이는 53센티미터, 깊이는 71센티미터이다.

를 줄여가면서 부재 단위로 계속된다.⁴⁻² 지붕은 하늘과 신전 몸통 사이의 완충 부재, 기단은 땅과 신전 몸통 사이의 완충 부재 하는 식이다. 이에 따라 기단은 땅에 속하는 부분과 신전 몸통에 속하는 부분으로 나뉘는데 이렇게 되면 양자가 되므로 그 중간에 완충 부재를 하나 더 넣으면 세 단 계단이 되는 것이다. 기독교에서 세 단 계단이 성부-성자-성신의 삼위일체나 믿음-소망-사랑의 단계적 의미를 갖는 것과 대별되는 대목이다.

그리스 건축에서는 이외에 이렇다 할 계단이 따로 없었다. 로마 시대로 넘어오면서 계단은 활기를 띤다. 향후 서양 건축에 나타날 다양한 계단 형식의 단초가 일정 부분 형성된다. 그 내용은 장경주의와 기능성이라는 상반된 두 경향으로 나눌 수 있다. 장경주의는 계단을 이용해서 무엇인가 볼거리를 제공하겠다는 것이고, 기능성은 효율을 추구하겠다는 것이다. 이는 서양 건축, 크게는 인간사 전체에 걸쳐 가장 큰 이항 요소이다. 고대 오리엔트 건축에서는 이런 이분법이 명확히 형식

4-2
아테나 성소, 그리스 델피, 기원전 370년경

화되지 않았는데 이것이 로마 시대에 정착한 것이다. '볼거리 대 효율'의 이분법은 로마 건축 전체를 특징짓는 쌍 개념인데 계단도 이 범위 안에 들어온다.

장경주의를 이끈 것은 신전 계단이었다. 우선 신전 자체가 변했다. 오더 양식은 도리스-이오니아-코린트의 그리스 3대 양식을 이어받았으나 전체 구성은 많이 바뀌었다. 가장 큰 변화는 기단이 많이 높아지면서 정면성이 나타난 점이다. 그리스 신전 기단이 1.5미터 안팎에 머물렀던 데 반해 로마에서는 몇 미터씩 올라갔다. 명칭도 크레피도마에서 '높은 기단'이란 뜻의 포디움(podium)으로 바뀌었다. 계단은 정면 한 곳으로 모아졌다. 그리스 신전의 계단이 사면에 걸쳐 동등하게

4-3
세베루스 가 신전, 리비아, 216년

났던 것과 가장 큰 차이점인 정면성이 등장한 것이다.⁴⁻³ 계단은 단 수가 많아지면서 표준 치수 이내로 들어왔다. 세 단으로 제한하면서 챌판을 비정상적으로 높게 했던 그리스 신전과 역시 다른 점이다. 그만큼 현실적이 되었다는 뜻이다.

이런 변화를 가져온 배경은 두 가지인데 모두 그리스와 대비를 이룬다. 거시적 차원에서는 로마 문명을 결정짓는 대표적 특징인 현실주의가 반영된 것으로 그리스의 이상주의에 대비된다. 미시적 차원에서는 신전이 도심으로 들어오면서 초점 역할을 하게 된 것으로 이는 신전을 자연 속에 놓던 그리스와 대비된다. 또는 자연관 자체가 변한 것일 수도 있다. 그리스 신전의 계단이 갖는 특징인 세 단, 비정상적 수치, 네 면이 동등하게 열린 점 등은 모두 친자연적 세계관의 산물이다. '3'은 자연과 대립하지 않고 완충 영역을 넣어 화해하겠다는 입장이다. 비정상적 수치는 자연에 대한 제의적 입장으로 아직 고대 오리엔트의 영향이 남아 있는 것이다. 네 면이 동등하게 열린 점은 자연의 네 방위에 대한 평등성을 의미하는데 인공적 정리 없이 자연을 그대로 받아들이겠다는 뜻이기도 하다.

이런 것들이 로마 시대에 오면 모두 없어진다. 치수와 단 수 모두에서 자연을 향한 제의적 입장을 지우고 사람의 일상생활을 위한 상식적 범위 내로 갖고 들어와 현실주의로 넘어갔다. 정면성은 신전을 도심의 초점으로 정의하면서 나타난 현상인데, 여기에는 '자연 대 인공', 또는 '자연 대 대도시'의 이분법 구도가 들어 있다. 로마는 도시국가 체제인 그리스와 달리 대제국이었기 때문에 도시의 규모가 달랐다. 그리스의 도시들이 중간 규모를 넘지 않았던 데 반해, 로마에는 메트로폴리스라고 하는 대도시들이 속속 등장했다. 이런 대도시는 인간의 힘에 의존해서 문명을 운영하려는 대표적 현상으로 그리스의 자연의 시대가 로마의 인공의 시대로 바뀌었음을 알리는 현상이었다.

이런 대도시에서는 도심의 초점이 필요했는데, 로마 시대에는 기능에 따라 여러 초점이 있었다. 극장은 집회와 축제를 위한 초점, 바실리카는 일반 시민들의 경제활동을 위한 초점, 신전은 종교를 중심으로 한 복합 기능을 위한 초점 역할을 했다. 예를 들어, 미국의 3대 대통령 제퍼슨이 무척 좋아했다던 프랑스 남부 님의 메종카레(Maison Caree)는 도심 광장에서 초점 역할을 하고 있는데, 이런 기능은 주변 가로로까지 확장된다. 신전 정면을 중심 가로에 맞춘 뒤 계단을 두어 도심에 강한 축을 만들었다. 도로를 따라 광장으로 진입하다보면 광장에 도착하기 전 멀리서 계단을 올라타고 앉은 신전이 눈에 들어오면서 초점을 이루

4-4
메종카레, 프랑스 님, 기원전 16년

어 사람을 끌어들인다.⁴⁻⁴

제우스 제단과 카피톨리움

로마 신전의 이런 특징은 장경주의로 요약할 수 있다. 장경주의란 말 그대로 무대를 꾸미듯 높은 곳에 건축적 볼거리를 올려놓고 시선을 잡아끄는 장치를 가하는 경향을 의미한다. 인공적 형식과 시각적 자극을 중시 여기는 서양 건축에서 장경주의는 자주 등장하는 기법인데, 로마

4-5
로마 시내에 있던 포룸 로마눔 전경. 로마 전성기인 서기 2~3세기 때 모습으로 신전이 중심 역할을 담당하고 있다. 신전들은 무대 위에 올려진 장경주의 개념으로 배치되어 한 편의 연극을 감상하는 것 같다.

가 그 시작점이고 바로크 때 절정에 달했다. 로마 건축에서는 신전이 대표적 예였다. 도시가 커지고 주변에 극장 같은 다른 대형 건축물들과 경쟁하는 과정에서 자신의 존재를 드러내기 위한 목적에서 신전은 높은 기단 위를 올라탄 뒤 강한 정면성으로 시선을 끌었다. 또는 신전에 요구된 기능이 변한 데에서도 기인한다. 로마 시대 때 신전은 축제를 곁들인 종합 놀이 시설에 가까웠는데 이를 위해서는 신전을 즐거운 볼거리로 만드는 것이 제일 잘 맞았다.[4-5]

신전 정면에 두는 계단의 개수로 고민한 흔적도 관찰이 된다. 아우구스투스 황제 때 건축학자였던 비트루비우스(Vitruvius)는 그 개수를 홀수 개로 하라고 권하고 있는데 오른발을 첫 발로 디딘 뒤 신전 앞

마지막 디딤 역시 오른발이 되게 하기 위해서였다. 이는 오른팔을 들고 제단으로 진입하는 로마의 종교 의식에서 비롯된 것이다. 이때 오른팔을 드는 행위는 신에 대해 순종과 정중을 표함과 동시에 원하는 바를 비는 기원의 양면적 상징성을 가졌다.

이상의 변화는 로마 시대에 처음 나타난 것이 아니며 알렉산더 대왕의 마케도니아 왕국 때부터 나타났다. 제우스 제단과 대형 신전이 대표적인 예들이다. 제우스 제단은 'ㄷ'자형 신전의 안쪽 면을 역시 'ㄷ'자형의 높은 계단이 에워싸 들어올리듯 호위하고 있다.[4-6] 신전 자체는 나지막한 소규모이나 계단은 이보다 높아서 마치 무대 위에 연극 세트를 올려놓은 것 같은 모습이다. 말 그대로 장경주의이다. 언뜻 봐도 계단은 신전보다 세 배는 높아 보여서 신전이 아닌 계단이 건물의 주인 자리를 차지하고 있다. 기단 벽면에는 높은 부조가 새겨져서 장경주의의 볼거리를 제공한다. 이 시기는 격정과 과장의 대명사인 〈라오콘(Laocoon)〉이 만들어진 때였다. 이 건물은 이를테면 〈라오콘〉에 해당되는 건축의 예로 볼 수 있다. 고대 거석 구조가 부활한 느낌인데 로마다운 현실주의가 등장하기 전에 알렉산더의 야망에 맞춰 고대 전제성을 잠시 가져다 쓴 것으로 볼 수 있다.

알렉산더 대왕 때에는 신전이 대형화되면서 기단도 따라 높아지는 경향이 유행했는데 이때에도 역시 계단의 과장적 활약이 두드러졌다. 디디마 신전(Temple of Didyma)과 에페소스의 후기 아르테미스 신전(Later Temple of Artemis)이 대표적인 예이다. 두 건물 모두 51×110미터 정도 크기의 거대한 기단 위에 40여 미터 높이의 신전 본체로 구성되는데 기단은 수십 개의 계단을 오르게 되어 있다. 디디마 신전은

4-6
제우스 제단, 터키 페르가뭄, 기원전 180년경

특이해서 여기에서 끝나지 않고 신전 실내로 들어가면 계단을 한 번 더 올라야 한다. 신전 본체 속에 작은 미니어처 신전이 하나 더 있는데 이것을 다시 높은 기단 위에 올려놓았기 때문이다. 신전 전체의 기단을 오르면서 신전을 한 번 본 뒤 실내에 들어오면 다시 계단을 올라 작은 신전을 한 번 더 보게 된다.[4-7] 작은 신전은 큰 신전의 미니어처이다. '신전 속의 신전' 개념으로 두 겹의 장경주의이다. 장경주의는 반복되면서 그 효과가 극대화되는데 핵심 역할을 계단이 하고 있다.

  알렉산더 대왕 때 예들은 중요한 선례가 있는데 페르시아 제국의 왕궁이었던 페르세폴리스이다. 알렉산더 대왕은 페르시아를 물리치고 이곳에 입성했는데 그 위용에 심한 질투를 느껴 술에 취해 왕궁을 때려 부쉈다. 페르세폴리스에 넘쳐나는 고대 전제성은 알렉산더의 야망욕을 부추겼다. 마케도니아 왕국의 대형 신전들은 이런 동방의 고대 전제성과 겨루기 위해 만들어진 것일 수 있다. 알렉산더 대왕 때에 로마에는 이미 공화정이 시작되는 등 고대 전제성에서 벗어나기 시작하던 때였는데 유독 야망이 컸던 알렉산더는 이런 시대의 흐름을 읽지 못했던 것이다.

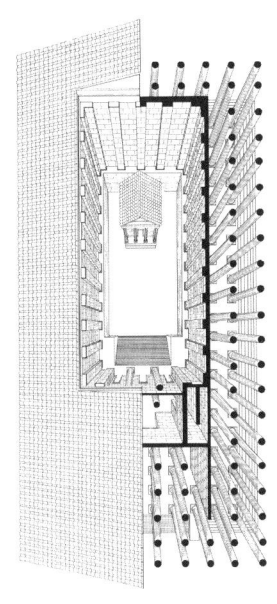

4-7
디디마 신전, 터키, 기원전 330년~

페르세폴리스에서도 계단은 중요한 역할을 한다. 기단은 460×275미터로 워낙 넓기 때문에 계단은 여러 곳에 있었는데 현재 명확한 모습을 알 수 있는 곳은 두 군데이다. 한 곳은 기단 가운데 15미터의 높은 부분을 오르는 곳으로 중앙에서 양끝을 향해 등을 지고 두 방향으로 오르다 중간에 180도 꺾어 다시 마주 보며 달려와 정상부에서 하나로 만나는 구성이다. 다른 한 곳은 이보다 좀 낮은 곳으로 기단의 양쪽 끝에서 곧은 계단이 마주 보고 달리는데 이런 구성이 바깥쪽과 중앙부에서 각각 한 번씩 반복된다. 이것은 메소포타미아 식 지구라트의 계단 구성을 신전 기단에 응용한 것이다.

페르세폴리스의 계단은 벽면에 새겨진 돋을새김으로 더 유명한데 페르세폴리스를 세운 다리우스 왕을 찬양하는 내용으로 가득 차 있다.[4-8] 신하와 왕자를 거느리고 옥좌에 앉아 있는 왕의 모습이 중심부 계단 벽에, 도열한 지방 귀족들과 외국에서 알현하러 온 사신 대열이 각각 좌우 계단 벽에 새겨져 호위하는 내용이다. 이 예는 계단 자체가

4-8
페르세폴리스, 이란, 기원전 520~460년

아닌 계단실에 처음으로 건축적 처리가 집중하기 시작한 예에 해당된다. 이후 서양 건축에서는 계단실에 화려한 장식을 더하는 경향이 주기적으로 나타나는데 바로크와 19세기의 대형 공간이 대표적인 예이다.

로마로 오면 신전은 규모가 작아지는 대신 높은 기단 위에 올라서면서 정면 한 곳으로 계단이 집중된다. 이런 특징은 대부분의 로마 신전에 해당되지만 카피톨리움(capitolium)이 특히 대표적인 예이다. 카

4-9
오스티아의 카피톨리움, 이탈리아

피톨리움이란 도시의 중심 신전을 의미한다. 그리스 신전이 종교적 중심지였던 데 반해 로마 신전은 잡다한 기능이 더해진 복합 건물로 바뀌는데 카피톨리움이 좋은 예이다. 로마의 종교에서는 호국안민과 같은 현실적 목적이 주요 관심사가 되었으며, 성직자는 폰티프라는 귀족들의 봉사직이었다. 로마 신전에서는 정치적 집회나 예술품의 전시, 도량형의 증명 등 다양한 행사가 거행되었는데, 행정과 사법의 중심 기능을 담당한 카피톨리움도 그 중 하나였다. 신전이 도시 활동의 중심지가 되면서 멀리서도 눈에 잘 보이게 하기 위한 인위적 집중과 강조가 필요해졌는데 이것을 만족시킨 것이 계단을 이용한 장경주의였다. 카피톨리움은 이런 기능에 맞게 높은 기단 위에 놓였으며 계단은 정면 한 곳에만 두었다.[4-9]

10　볼거리와 효율의 로마 계단

　카피톨리움 이외의 신전들에서는 높은 기단과 정면성이라는 공통의 법칙이 지켜지는 가운데 구체적 처리에서는 다양한 내용이 나타났다. 계단 접근을 몇 단계로 나누어 진입 공간을 길게 늘어트린 처리, 이것을 더 발전시켜 경사로와 계단을 혼합해서 진입 공간에 연속 공간(sequence)의 개념을 도입한 처리, 신전에 담을 둘러서 아예 독립 영역으로 만든 뒤 그 속에서 계단 진입을 몇 개의 단으로 나눈 처리, 신전에 극장을 더한 극장형 신전 등이 대표적 예들이다. 이런 변화는 개별적 완결성에 집중하던 그리스에서 벗어나 전체를 개별 요소들의 다양한 합으로 보려는 로마만의 독창성을 보여주는 좋은 예들이다. 또한 종교와 신전에 나타난 변화가 건축에 반영된 결과이기도 하다. 계단은 이런 다양한 변화에서 핵심 역할을 담당했다. 모두 장경주의 효과를 극대화하기 위한 변화인데 계단의 기능을 확장–분화시키는 경향이 핵심을 담당하고 있다.

연속 공간, 로마를 대표하는 건축 기법
이 가운데 특히 주목할 경향은 연속 공간이다. 연속 공간을 대표하는

4-10
포르투나 프리미제니아 신전, 이탈리아 팔레스트리나, 기원전 80년경

예로 포르투나 프리미제니아 신전(Temple of Fortuna Primigenia)을 들 수 있다. 이 신전은 언덕을 따라 100미터의 경사진 진입 공간을 올라 본전에 도착하는 구성으로 이루어졌다.⁴⁻¹⁰ 진입 공간은 여섯 개의 영역으로 나누어 이것들을 하나의 끈으로 엮는 연속 공간의 개념으로 처리했다. 각 영역마다 눈에 보이는 장면을 다르게 한 뒤 이것들을 이으면 하나의 건축적 스토리가 된다는 뜻이다. 이때 계단과 경사로가 중요한 역할을 하게 되는데 계단은 주로 영역을 구획하거나 연결하는 기능을, 경사로는 진입을 끌고 가면서 장면을 제시하는 기능을 각각 한다. 또는 경사로가 긴 거리를 이동하며 완만한 경사를 즐기는 통로인 데 반해, 계단은 급한 오름과 반전을 만들어내는 요소로 작용한다. 이에 따라 '바실리카 형식의 출입구 건물 – 아래쪽 테라스의 계단 길 – 배럴 볼트로 천장이 덮인 경사로 – 기단을 향한 아래쪽 계단 – 기단으로 오르는 위쪽 계단 – 기단에서 제단으로 오르는 마지막 계단'의 연속 공간이 나타난다. 이 과정에서 경사로와 계단의 역할 교대에 따라 완급 조절이 일어난다.

연속 공간은 이데아의 이상주의를 추구한 그리스와 대비되는 로마 문명의 쾌락주의(Epicureanism)를 대표하는 건축 기법이다. 이때 쾌락은 감각적 욕망을 의미하는 것이 아니라 사물을 즐김의 대상으로 봄으로써 현세적 행복을 추구한다는 로마다운 현실주의의 한 형식이다. 연속 공간은 로마 문명에서 현세적 행복을 대표하는 '행렬'이 개입된 건축 형식이다. 행렬은 승전, 황제의 생일, 국경일, 종교 행사, 축제 등 국가적으로 중요한 일이 있을 때 대규모로 진행되었다. 행렬은 일정 길이를 이동해야 하기 때문에 이를 담는 건축적 형식이 필요했고 그 결과 만들어진 것이 연속 공간이었다. 포르투나 프리미제니아 신전은 공화정 말기의 정치 지도자였던 술라(Sulla)가 세운 것이다. 당시에는 대중적 인기가 중요한 정치적 기반이었기 때문에 정치 지도자들은 대중들의 인기를 사기 위해 여러 행사를 벌였는데 축제 분위기의 행렬도 중요한 내용을 차지했다. 이 신전 역시 축제 행렬을 끌고 제단에 도착해 제식을 거행하는 대중 행사를 위한 목적에서 지어졌다.

이런 처리는 로마 시대 때 처음 나온 것은 아니며 여러 선례의 총합이다. 연속 공간 사이에 이오니아 식 오더의 배럴 볼트, 열주 현관, 아치형의 벽감 등 장식 요소가 들어간 것은 페르세폴리스의 계단 벽을, 양끝에서 경사로가 마주 보고 오다가 중간에서 만나 직각으로 꺾여 올라가는 구성은 아시리아 식 지구라트 계단을 각각 가져다 쓴 것이다. 본전에 해당되는 제단을 엄청난 인공적 처리 위에 올려놓은 것은 장경주의의 절정인데, 이것을 연속 공간으로 처리해서 동선을 끌고 올라간 것은 무대 위 장면을 단순히 시각적으로 보는 데 그치지 않고 그것에 이르는 중간 과정을 경험적 감상 대상으로 만들겠다는 발전된 개념이다.

4-11
크노소스 궁전, 그리스 크레타, 기원전 1700~1400년

　　연속 공간 역시 중요한 선례가 있는데 크레타 섬의 크노소스 궁전과 아테네의 아크로폴리스 프로필라에움이다. 크노소스 궁전은 미로식 구성으로 유명한데 자연 지형을 이용한 높이 차이도 미로를 구성하는 중요한 요소이다. 높이 차이를 구체적으로 드러내는 건축 형식은 물론 계단이다. 계단을 오르내리면서 크고 작은 다양한 방과 광정(光井)으로 내려오는 햇빛을 감상할 수 있는데 궁전 전체에 대한 건축적 인상은 이렇게 단편적으로 마주치는 장면들의 총합으로 이루어진다. 연속 공간의 기초 개념으로 건물의 특징을 한눈에 외관 중심으로 파악하는 것이 아니라 긴 동선을 따라 속속들이 내 발로 직접 걸으면서 감상한 내용의 총합으로 결정한다는 뜻이다. 여러 곳에 분산되어 있는 계단은 높낮이의 규칙성을 흐트러트리면서 미로 구성을 돕는다.[4-11]

4-12
프로필라에움, 그리스 아테네 아크로폴리스,
기원전 437~432년

4-13
룩소르 신전의 탑문 앞 스핑크스 로, 19왕조
3대왕 람세스 2세 때, 기원전 1260년경

아크로폴리스 프로필라에움은 언덕 정상부로 진입하는 관문인데 단순한 문 하나만으로 구성되지 않고 경사를 따라 지그재그로 오르는 경사로와 함께 이루어진다.4-12 지그재그 경사로는 언덕이 너무 가팔라 계단으로는 못 올라서 나온 기능적 처리이지만 진입 중간에 연속 공간을 형성한 것과 같은 결과를 만들어냈다. 이런 처리는 진입 공간에 강한 형식성을 만들어 낸다. 이동 거리를 늘어트리고 동선을 자주 꺾어 수고를 줌으로써 호락호락 접근할 곳이 아니라는 느낌을 강조하는 처리다. 문도 간단한 표준형이 아니라 하나의 건물처럼 만들어 아래쪽에 형성된 형식성을 도왔다. 이런 여정을 거친 뒤에 비로소 파르테논에 이를 수 있다. 진입 공간의 연속성은 파르테논이 낮은 기단 위에 안정적으로 자리 잡은 것에 대비되는 처리로 본전에의 진입을 극화하는 효과를 갖는다.

아크로폴리스의 이런 구성은 다시 이집트 신왕국 신전의 구성을 가져다 쓴 것으로 볼 수 있다. 이집트 신전은 참배로를 걸어와 탑문(pylon)이라고 하는 거대한 건물 형식의 문을 지나 본전 안으로 진입하게 되어 있다.4-13 이집트 신전의 진입은 계단 없이 평지에 일자 축을 따라 연속 공간으로 형성되는데 아크로폴리스는 이것을 언덕에 응용해서 계단과 경사로를 활용한 것이다. 지그재그식의 진입 공간은 언덕을 오르기 위해 참배로를 여러 번 꺾은 것이고, 프로필라에움의 문 구조물은 탑문을 옮겨온 것으로 볼 수 있다.

장경주의와 기능성을 겸비한 로마 극장 계단

그리스와 로마를 거치면서 완성된 극장에서도 계단을 이용한 장경주의 개념은 중요한 요소이다. 극장은 장경주의의 핵심 유형이지만 정작 계단은 객석에 쓰이기 때문에 극장 자체는 엄밀한 의미에서 '계단을 통한 장경주의'와는 거리가 있는 것이 사실이다. 그러나 극장 객석과 계단은 완전히 무관하지만은 않아서 '계단 두 단 = 객석 한 단'이라는 등식이 도출된다. 이것은 계단의 치수와 관련된 사항으로 특별할 것이 없는 상식적 도출이지만 그 의미가 부각된 것은 의외로 현대 건축에서이다. 현대 건축가들 중에는 극장의 객석과 계단이 함께 있는 장면을 그리스-로마 문명을 대표하는 건축적 아이콘으로 보면서 이것을 가져다 쓰는 경우가 제법 된다. 이 속에 담긴 건축적 의미는 옥외 활동과 공공성을 합한 것으로 이것 역시 장경주의에서 파생될 수 있는 중요한 개념이다.[4-14] 옥외 활동을 통해 확보되는 도시 공공성은 서양 문명을 구성하는 핵심 요소 가운데 하나인데 이것이 그리스-로마의 극장에서 완성되었다고 보면서 이것을 현대적으로 활용하는 것이다.

서양 문명에서 공공성은 '불특정 다수의 중산층 시민들에 의한 집단 활동 및 이를 위한 제도와 물리적 장치'를 의미한다. 고대 오리엔트 문명에서는 아직 시민 계층이 나타나지 않았기 때문에 이런 의미의

4-14

폼페이 포룸 전경. 왼쪽 위가 대극장, 오른쪽 아래가 소극장으로 로마 시대 포룸에서 극장은 장경주의를 바탕으로 군집과 스펙터클을 담당하던 공간이었다.

공공성 개념도 형성되지 않았다. 이것이 처음 형성된 것은 그리스-로마 시대 때 도시 옥외 활동을 끼고서였다. 로마 시대에는 포룸이 도시 전체의 중심 공간이었으며 그 속에서 여러 종류의 도시 활동이 벌어졌다. 극장도 그 가운데 하나로 공연이나 정치 집회, 축제 등을 매개로 한 시민들의 다양한 군집 활동이 벌어지는 장이었다. 극장은 집회를 수평으로 펼치던 광장과 달리 수직으로 집적을 하는 공간이기 때문에, 극장에서 계단은 옥외 활동을 통한 공공성 형성에 중요한 역할을 했다. 극장 내에서 집회 기능은 객석이, 이동 기능은 계단이 각각 분담했는데, 둘이 합해져야 옥외에서의 군집 활동이 제대로 작동했다. 이 과정에서 '객석 한 단에 계단 두 단'이 세트로 어울린 장면은 로마 극장의 도시다운 공공성을 상징하는 아이콘이 되었다.[4-15]

4-15
렙티스 마그나 극장, 리비아, 서기 1~2년. 로마 극장에서는 '객석 한 단에 계단 두 단'이라는 치수를 바탕으로 계단과 객석이 함께 어우러져 이동과 군집을 조화시켰다. 이를 바탕으로 옥외 활동에서의 공공성이 작동했다.

로마 시대 극장과 관련한 계단 부분에서는 의외의 내용이 등장하는데 기능성이 그것이다. 이 내용은 비트루비우스의 《건축 십서(De Architectura)》에 등장한다. 이 책에는 계단에 대한 별도의 항목이 없는 가운데 극장을 계단의 관점에서 다루고 있는데 여기에 기능적 항목이 등장한다. 5권의 3~8장이 극장에 관한 부분으로 전체적으로 극장에 관한 부지 계획, 적정 치수, 평면 형태, 작도 구성 등 기능적 내용이 주를 이루는 가운데 6장 3절에는 객석의 크기를 한정하는 구절이 나온다. "높이는 '1피트+손바닥 길이(37.5cm)'보다 높아야 되고 '1피트+손가락 마디 6개(45cm)'보다 낮아야 하며, 깊이는 60센티미터에서 75센티미터 사이가 되어야 한다."는 내용이다. 현재 남아 있는 로마 극장들을 보면 대부분 객석 한 단에 계단을 두 단씩 만들었으므로 이 수치는 그대로 계단의 수치로 전용될 수 있다. 극장에서 적절한 계단의 높이는 18.75센티미터에서 22.5센티미터 사이, 깊이는 30센티미터에서 37.5센티미터 사이가 각각 되어야 한다. 이는 현대의 건축 법규에서 제한하는 것보다는 모두 조금씩 큰 수치인데 극장이라는 옥외 시설이었기 때문으로 보인다.

중요한 것은 계단에 관한 수치가 명문화되어 규정되었다는 점이다. 계단은 로마 시대 이전에 이미 인류 역사의 시작과 함께 수천 년 동안 사용되어왔지만 이것을 숫자로 규정한 것은 로마가 처음이었다. 그 이전에는 모두 현장에서 경험적으로 규제했으며 일부는 상식을 벗어나는 치수로도 나타났는데 로마는 이것에 합리적 제한을 가한 것이다. 이것은 법과 시스템으로 움직이던 로마 문명의 산물이자 인공적 노력에 의존하는 현실주의의 산물이기도 했다. 이는 로마의 앞 시대는 물론 뒤 시대인 중세와 비교해봐도 잘 드러난다. 중세 때 대표 계단이 자연 발생적인 나선형 계단이었던 데 반해 로마의 계단은 처음부터 사람의 손을 거친 형식화의 일환으로 계획되고 지어졌던 것이다.

비트루비우스의 《건축 십서》를 보면 계단이라고 정확히 명기하지는 않았지만 각 건물에서 이동과 관련된 부분은 위험하거나 환경적으로 열악한 곳으로 인식하고 있는 큰 흐름이 감지된다. 이는 안전사고가 일어날 소지를 최소화하고 채광과 환기 등이 잘 되게 하라는 내용으로 이어진다. 계단은 이동을 담당하는 대표적 부재이므로 이런 내용은 계단에 그대로 적용될 수 있다. 이런 내용은 비트루비우스가 건축의 3대 요건으로 꼽은 튼실함(firmitas), 편의성(utilitas), 심미성(venustas) 가운데 앞의 두 개에 해당되는 것으로 계단과 관련된 기능주의의 모태가 되었다.

비트루비우스의 규정과 별개로 실제 지어진 극장의 예들에서도 계단과 관련된 중요한 사항이 관찰된다. 극장에서는 많은 인원이 한 번에 이동하면서 계단의 기능성이 크게 강화되었는데 이 과정에서 계단의 기본 유형들이 완성되었다. 이런 현상은 비단 극장에만 국한된 것이 아니며 로마 건축의 다양한 기능 유형 전반에 걸쳐 공통적으로 관찰된다. 건물의 종류가 다양해졌기 때문에 계단도 그만큼 함께 다양화된 것이다. 그 내용을 요약하면, 180도 꺾여 돌아 올라오는 형식(개다리 계단, dogleg stair), 사각형 계단실의 네 면을 돌아 올라가는 형식, 나선형 계단, 캔틸레버 돌출형, 쌍 계단(평행 계단), 정원에 쓰인 대 계단 등을 들 수 있다. 이런 형식은 모두 이후 서양 건축에 빈번하게 등장하는 대표적 계단이 되는데, 로마 시대에는 아직 이것들이 대표 유형으로 자리 잡지 못한 가운데 시작의 단초가 형성되었다.

사람의 손에 의존하는 로마 계단은 이후 르네상스 때 계단 발전에 중요한 선례가 된다. 르네상스 건축을 정착시킨 이론가 알베르티는 비트루비우스를 이어받아 계단의 형식화와 쾌적 조건 등을 정리함으로써 이후 계단과 관련된 기능주의의 기초를 닦았다. 상갈로, 다 빈치, 미켈란젤로 같은 르네상스 건축가들은 수치가 아닌 실제 디자인으로 계단의 다양한 형식을 발전시킨 건축가들인데, 이들도 역시 로마의 다양한 계단 형식을 중요한 선례로 삼았다.

11 현대 고전주의 건축으로 재탄생하다

이상 살펴본 그리스-로마의 계단은 현대 건축에서 주로 고전주의 건축가들에 의해 디자인 모티프로 활용되는데 그 방향은 크게 둘로 요약할 수 있다. 하나는 기단 개념으로, 주로 건물 본체를 지면에서 들어올려 영역에 경계를 짓거나 권위를 부여하려는 목적을 갖는다. 다른 하나는 극장의 객석과 계단을 혼용하는 경향으로 이를 통해 도시 외부 공간에서의 공공성 개념을 확보하려는 목적을 갖는 경우이다.

기단 개념을 가장 간결하면서도 확실하게 활용한 예로 웅거스(Oswald Matthias Ungers)의 암부르고 현대 미술관을 들 수 있다.[4-16] 이 건물은 2층 높이의 높은 기단 위에 본체를 올려놓았는데 전체적으로 고대적 원시주의 분위기가 지배한다. 기단은 피라미드 윗동을 잘라낸 것처럼 측면이 경사졌으며 양쪽 끝에서 곧은 계단이 마주 보며 달려오는 쌍 계단을 두었다. 본체도 기단의 이런 분위기에 맞춰 단순한 큐브 형태로 처리했다. 창도 디테일을 최소화하고 정사각형으로 분할해서 원시주의 분위기를 도왔다. 역사적 모티프를 기하학적 조형미로 번안해서 활용함으로써 역사성의 영원함을 상징하고 있다.

현대 건축의 모티프 기단

잉카, 마야, 아스텍 등 찬란한 고대 문명을 가지고 있는 중남미에서도 기단 등을 활용한 고대 원시주의 모티프는 현대 건축에서 활발히 활용되는 주제이다. 멕시코가 특히 두드러지는데 레온(Gonzalez de Leon)과 자블루도프스키(Abraham Zabludovsky)가 대표적인 인물이다. 레온의 멕시코시티 연방법원은 그리스-로마 신전을 받쳤던 기단을 다양하게 활용한 좋은 예이다.[4-17] 이 건물은 넓은 면적에 여러 채의 동으로 이루어진 복합 구성을 하고 있는데 건물 사이의 연결 역할을 다양한 형식으로 응용한 기단들이 맡고 있다. 웅거스가 앞의 예에서 기단을 극도로 단순화시켜 사용한 것과 반대되는 개념으로 볼 수 있다. 레온의 건물에

4-16
오스발트 마티아스 웅거스, 암부르고 현대 미술관, 1996년

4-17
곤잘레스 데 레온, 멕시코시티 연방법원, 멕시코 멕시코시티, 1992년

서 기단은 건물 본체를 받치는 넓적한 바닥, 가지런히 모아 올라가는 급한 층층대, 속으로 긴 두 채의 건물 가운데를 뚫고 들어가는 위풍당당한 대 출입구, 이집트 신전의 탑문처럼 신전 기둥 열을 거느리는 형식화된 출입구 등 여러 형식으로 다양화되어 적재적소에 쓰이고 있다. 이런 처리는 거친 돌 처리와 함께 건물 전체에 고대적 분위기를 강하게 줌으로써 입법기관에 요구되는 권위를 적절히 표현하고 있다. 원시주의가 갖는 근원성과 고대 제의성을 현대적으로 활용한 경우인데 계단

4-18
제임스 스털링, 슈투트가르트 시립미술관, 1983년

은 여기에서 핵심 역할을 담당한다.

포르투나 프리미제니아 신전의 연속 공간 모티프를 활용한 예도 있는데 가장 대표적인 것이 스털링(James Stirling)의 슈투트가르트 시립미술관이다.4-18 이 건물은 박물관의 선례들에서 대표적 유형을 따와 조합해서 성공을 거둔 건물인데 싱켈(K. F. Schinkel)의 베를린 구박물관, 젬퍼의 빈 자연사박물관, 로마의 포르투나 프리미제니아 신전 등이 대표적인 예들이다. 이 가운데 싱켈의 선례는 중앙의 원형 공간에, 젬퍼의 선례는 양 측동에 각각 쓰였으며, 포르투나 프리미제니아 신전은 이것들을 감싸고 받쳐주는 기단 및 기단을 가로질러 배회하듯 진입하는 경사로에 쓰였다. 경사 진입로는 단순히 미술관으로 들어가는 입구 기능만 하는 것이 아니라 도시 전체에서 광장과 공원의 기능을 겸한다. 미술관으로 바로 진입하는 출입구가 따로 있기 때문에 그림을 보러가는 것이 목적이라면 굳이 배회하듯 돌아서 들어갈 필요는 없다. 진입 경사로는 그림을 즐기기보다는 외기를 쐬면서 건물을 즐기고 옥외 공간에서 도시를 바라보며 여유를 즐기기에 더 적합하다. 이는 로마 신전에 나타났던 연속 공간을 현대적 공공성 개념에 적용시킨 처리로 볼 수 있다.

구조주의 건축으로 지어진 대형 공공 건축물도 계단이 부착된 기단을 즐겨 사용한다. 구조주의 건축은 표준화된 부재를 다양하게 조합해서 대량생산 시대에 맞는 예술성을 추구한 건축 사조로 1950~1970년대에 유럽과 미국, 일본 등에서 유행했으며, 주로 규모가 큰 공공시설에 지어졌다. 또한 당시는 2차 세계 대전 이후 새롭게 등장한 신기념비주의에 의해 공공건물을 높은 기단 위에 올려서 공권력의 권위를 과시하던 때였다. 여기에 계단이 부착된 로마 신전의 기단이 활용되었다. 이런 권위주의 경향에 대해서는 찬반 논란이 있을 수 있으나 이것도 도시 외부 요소로서 공공성을 제공하는 방식 가운데 하나이긴 했다. 이런 건물들은 다수의 사용자가 한 번에 집중되는 기능이 대부분이기 때문에 기단 위에 갑판이 형성되는 것이 보통이다. 도로에서 분리된 높은 기단 위에 형성된 갑판은 나름대로 도심 공원이나 인공광장 역할을 할 수 있다. 우리나라에서도 세종문화회관과 장충동 국립극장 등이 대표적인 예이다.

이런 예들은 주로 공연 시설이나 관공서, 대학교 등에 많은 편인데, 앙드로 앤 파라(Andrault & Parat)의 파리 - 베르시 종합 스포츠 센터가 스포츠 시설에 이런 개념을 적용시킨 좋은 예이다.[4-19] 이 건물은 농구, 동계 스포츠, 사이클 등 24가지의 각종 실내 스포츠와 공연을 함께 할 수 있는 다목적 스포츠 시설로 설계되었다. 센 강변에 넓은 공원을 끼고 있어서 한눈에 알아볼 수 있는 랜드마크 기능이 동시에 요구되었는데, 건축가는 피라미드 모티프를 사용해서 이 요구를 해결했다. 그러나 원시적 형태의 사각뿔 피라미드가 아니라 구조주의 모티프, 철골 트러스, 후기 모더니즘 유리, 하이테크 디테일 등이 어우러져 기계문명을 찬양하는 현대판 성전 개념으로 처리했다.

당시로서는 첨단 사조를 총동원해서 콜라주 한 셈인데, 피라미드라는 원시주의 모티프로 버무려서 기계문명의 삭막함을 지운 대신 고대다운

4-19
앙드로 앤 파라, 파리-베르시 종합 스포츠 센터, 1979년

이미지를 만들어내고 있다. 기계 이미지로 각색된 각종 첨단 건축 부재들은 피라미드 형태를 이루며 위로 갈수록 좁아지는데 이것들을 밑에서 안정적이고 널따란 기단이 받치고 있다. 여러 부재는 사선 방향으로 조합되면서 전체적으로 역동성을 대표적 조형성으로 보여준다. 기단은 로마 극장의 객석 모티프를 활용해서 '객석 한 단에 계단 두 단'의 치수를 지키고 있다. 전체적 분위기에 맞춰 사선 방향으로 분산시켜 역동성을 부추기고 있다. 로마 시대 세베루스가 신전 앞에 부착된 피라미드형 사선 계단을 옮겨온 것 같은 느낌이다.

4-20
파올로 포르토게시, 실로네 제1도서관 문화센터, 이탈리아 아베차노, 1969~1983년

로마 극장을 활용한 현대 건축

로마 극장은 의외로 건축가들이 즐겨 차용하는 모티프이다. 도시 정원이나 광장, 또는 건물 주변의 외부 공간 등에 사용한 예는 무척 많다. 그리스 이래 서양 역사에서 도시 시민들의 공공성 개념이 역사를 이끄는 중요한 역할을 했던 것에 비추어볼 때 여기까지는 당연하고 상식적인 현상일 수 있다. 집회와 휴식을 겸할 수 있어서 기능성도 뛰어나며, 원형이라는 기하 형태는 조형적으로 활용하기에도 유리하다. 루돌프(Paul Rudolph), 에릭슨, 필립 존슨(Philip Johnson), 핼프린(Lawrence Halprin), 프레독, 로시, 뵘, 스털링, 포르토게시(Paolo Portoghesi) 등 현대 건축을 대표하는 많은 주요 건축가들이 이 모티프를 어떤 형식으로든지 한 번씩은 사용하고 있다.

네오 바로크 건축가인 포르토게시는 실로네 제1도서관 문화센터에서 극장의 원형 윤곽에 바로크 식으로 조작을 가해 형태적 긴박감을 만들어내고 있다.[4-20] 원형 윤곽은 온전한 형태와 파편들이 동심원 구성

4-21
렌초 피아노, 네덜란드 암스테르담 기차역 지붕, 1997년

으로 겹쳐지면서 바로크 시대 때 원 조작을 연상시킨다. 이런 와중에도 '객석 한 단에 계단 두 단'이라는 치수는 선명하게 드러나면서 집회와 이동의 양면적 기능을 충실히 지키고 있다. 이 부분은 도서관 문화센터 옥상에 설치된 일종의 야외극장인 셈인데 공연이 없을 때에는 휴식 공간을 겸한다. 로마 극장에 담긴 시민정신과 공공성을 도서관이라는 문화 기능에 대응시키고 있다.

피아노(Renzo Piano)는 기차역 옥상에 이 모티프를 사용하고 있는데 계단 높이를 낮추고 깊이를 늘어트려 편안한 휴식 공간을 제공하고 있다.[4-21] 많은 인파가 오가는 기차역에 적절한 휴식 공간을 제공한 것으로 시민들은 편하게 누어 해바라기를 즐기고 있다. 이것은 도시 공공성의 의미를 '휴식' 개념으로 정의하겠다는 것이다. 검투사 시합 등 로마 극장에 내재된 잔혹성을 시민들을 위한 서비스 개념으로 전환시킨 것이다. 하이테크 건축가인 피아노가 자신의 건축을 도시에 대응시키는 철학을 엿볼 수 있는 대목이다. 그는 영국의 하이테크 건축가들과 달리 건축에서의 '하이테크'는 첨단 기술을 자랑하는 장이 되어서는 안 되고 도시 속에서 시민들과의 소통과 연대감을 돕는 쪽으로 봉사해야 된다는 철학을 갖고 있다. 이 작품은 하이테크 작품은 아니지만 그의 하이테크 대표작인 파리 퐁피두 센터 앞의 광장을 연상시킨다.

로마 극장 모티프를 실내에 활용한 예도 있다. 극장의 공연 공간이 아닌 일반 건물의 개방된 로비 같은 대형 공간에 두는 경우로 다소 과감한 시도일 수 있다. 이런 시도는 다목적의 의외의 효과를 낸다. 로마라는 먼 과거의 역사성을 활용하려는 과시적 목적, 실내 로비에 집회 공간을 주려는 목적, 원형이라는 기하 형태를 조형적으로 활용하려는 목적 등이다. 펠리(Cesar Pelli)는 월드 파이낸셜 센터에서 대형 오피스 빌딩의 로비에 극장 모티프를 사용하는 과감성을 보인다.[4-22] 극장은 한 번에 끝나지 않고 아랫단과 윗단으로 나뉘어 두 번 사용된다. 아랫단은 계단을 쌓아 만들어서 밖으로 볼록하게 돌출한다. 반면 윗단은 계단을 안으로 파 들어가서 오목한 양상이다. 둘은 음양의 대비를 이룬다.

펠리는 대형 오피스 빌딩을 주로 설계한 후기 모더니즘 건축가인

4-22
시저 펠리, 월드 파이낸셜 센터, 미국 뉴욕 배터리 파크 시티, 1987년

데 부동산 개발에 치중된 삭막함을 중화시키려는 목적에서 역사주의 모티프를 종종 사용한다. 많은 경우 포스트모더니즘의 장식 고전주의를 가져다 쓰는 부동산 건축의 전형을 못 벗어나긴 하지만 로마 극장을 사용한 이 경우는 좀 예외적이다. 의외성은 결과에서도 나타난다. 덩그러니 빈 공간으로 남기 쉬운 대형 로비에 로마 극장 모티프를 넣음으로써 역사적 권위를 활용해서 오피스 빌딩에 인위적 품위를 만들어내고 있다. 더 더듬어보자면 미국 건국의 정신적 뿌리 가운데 하나라 할 로마 시민정신이라는 역사성을 세계 경제의 중심지인 이곳 월드 파이낸셜 센터에 활용하고 있다. 실제 사용에서도 시민들은 극장 객석처럼 이곳에 앉아 휴식을 취한다. 오피스 빌딩의 로비가 시민들의 휴식 공간으로 변신한 것이다.

슐테스(Axel Schultes)도 본 미술관에서 동일한 모티프를 사용하고 있다.[4-23] 건물의 기능이나 전체적 분위기로 볼 때 이 경우는 펠리의 경

4-23
악셀 슐테스, 본 미술관,
독일

우보다 좀 더 상식적이다. 미술관에서는 소규모 집회가 자주 일어나며 건물의 사조도 신합리주의로 고전주의 모티프를 사용하는 것이 자연스럽기 때문이다. 이 건물은 신합리주의답게 정사각형의 전체 윤곽을 아홉 등분으로 구성하여 이 가운데 한 블록을 극장 모티프로 채우고 있다. 구체적 처리는 펠리와 유사해서 두 단으로 나누어 오목-볼록의 대비를 가한 음양 모티프를 사용하고 있다. 이 부분은 미술관 로비의 주계단을 겸하고 있어서 평소에는 이동 공간으로 쓰이며 강연 등 집회 공간으로도 겸용된다. 오목에서 볼록으로 변하는 계단을 밟고 올라가면서 로마 극장을 연상하는 일은 미술관 감상을 돕는 적절한 건축적 처리다. 계단 하나를 잘 처리함으로써 건물 전체의 기능과 작품성이 배가된다.

알도 로시와 신합리주의 제단

신합리주의를 창시하면서 1980년대 유럽의 현대 건축을 석권했던 로시(Aldo Rossi)도 신전 기단에 내재된 고대 제의성을 적극적으로 활용하는 건축가이다. 신합리주의는 고전주의를 현대에 맞게 단순화시킨 추상 계열의 역사주의 운동이다. 로시 역시 신합리주의의 공통 경향인 기하주의가 바탕을 이루긴 하지만 여기에 원시풍의 고대 제의성을 더해 자신만의 독특한 특징을 창출한다. 추상 처리에 의해 단순화된 원시주의 모티프는 시대를 초월한 근원적 생명력을 준다. 이런 점에서 로시의 경향은 고전주의라기보다는 원시 - 역사주의에 가깝다. 또는 고대 제의성을 포함한 포괄적 고전주의로 불러도 좋다. 계단은 이런 로시의 경향에서 중요한 역할을 한다. 그의 주요 작품에 계단은 빠지지 않고 등장한다. 요즘 같이 자극이 난무하는 시대에 로시의 계단은 언뜻 보면 평범해 보이나 그 속에 담긴 고대 제의성의 의미를 읽는다면 그가 계단을 통해서 제시하고자 하는 가치를 알 수 있다.

이런 내용을 보여주는 로시의 작품은 많은데 쿠네오 저항기념비가 가장 대표적인 예이다.[4-24] 이 작품은 육면체를 조작해서 만든 것인데 조작은 두 방향으로 이루어진다. 한 방향은 벽을 쌓아서 육면체를 만드는 것이고, 또 한 방향은 육면체 덩어리를 속으로 파 들어가는 것이다. 벽을 쌓는 방식은 통상적인 방을 만드는 데 반해 속으로 파 들어가는 방식은 덜 파내고 남은 덩어리를 남긴다. 이렇게 남은 덩어리는 피라미드를 옆으로 뉘어놓은 것 같은 원시주의 거석 구조로 나타난다. 옆으로 회전된 덩어리의 측면 경사 방향을 따라 밑쪽에 계단을 두었다.

계단은 벽을 쌓아 만든 방을 향해 오르는데 위쪽에는 피라미드 덩

4-24
알도 로시, 쿠네오 저항기념비, 1962년

어리가 육중한 천장을 이루고 있어서 좁은 동굴 속을 통과하는 것 같은 느낌을 갖는다. 덩어리와 좁은 통로, 넓은 방과 계단 등의 대비적 요소들이 어우러지면서 빛에 의한 명암 대비도 극명해진다. 이런 과정을 통해 고대 제의성 효과가 극대화된다. 기하 요소로 시작해서 단순한 조작 몇 가지만 가했는데도 작품 전체에 원시적 힘과 근원적 위엄이 넘쳐흐른다. 계단은 피라미드 덩어리를 밑에서 떠받치며 공중에 떠 있게 해주는 관통의 기능을 한다. 이는 육중한 원시적 덩어리에 숨통을 뚫고 빛을 받아들이는 연결의 기능이다. 또한 피라미드 덩어리가 내리누르는

4-25
알도 로시, 세그라테 기념분수, 1965년

4-26
알도 로시, 페루자 시민회관, 1968년

4-27
알도 로시, 밀라노 크로체 로사 가 기념비, 1982년

중압감을 극복하고 넓은 방으로 오르는 저항정신을 상징하는 기능도 한다.

이외에도 세그라테 기념분수, 페루자 시민회관, 밀라노 크로체 로사 가 기념비 등은 제단을 도심 광장의 환경디자인 요소로 활용한 공통점을 보인다.4-25, 4-26, 4-27 세 작품은 모두 육면체를 길이 방향으로 바닥에서 정상까지 계단을 타고 오르는 구성으로 이루어진다. 계단 양옆으로는 육면체의 윤곽에 해당되는 벽이 에워싼다. 비례에 차이가 있어서 앞의 두 작품은 계단 폭을 좁게 해서 좁은 협곡을 오르는 것 같은 폐쇄적 분위기인 데 반해 세 번째 작품은 정사각형에 가까운 넓적한 비례로 해서 개방된 분위기를 준다.

계단을 다 오른 정상부 처리에도 차이가 있는데 세그라테 기념분수는 박공 지붕의 삼각 면이 발걸음을 맞는다. 이런 처리는 이 작품 전체가 원 - 삼각형 - 사각형의 기본 기하 형태의 조합으로 이루어진 구성의 일환이다. 계단 중간 지점부터 박공 지붕의 꼭짓점이 날카로운 삼각형으로 모습을 드러내기 시작하다 다 오르면 안정된 정삼각형으로 귀결된다. 페루자 시민회관에서는 정상부에서 성모마리아 상이 맞는다. 이 기념비는 계단 폭이 1미터도 안 되어서 유난히 좁고 답답한데 이는 정상부의 성모마리아를 만나러 가기 위한 고행의 길을 상징한다. 이런 점에서 앞의 기독교 편에 나온 야곱의 사다리를 고대 제단에 응용한 것으로 볼 수 있다. 또는 육면체의 제단 느낌보다 두 장의 벽이 계단을 양 옆에서 협공하는 로시의 신합리주의 어휘로 볼 수도 있는데, 이런 해석은 옆에 있는 건물 본체와의 연관성으로 뒷받침될 수 있다. 밀라노 기념비에서는 정상부에 철골을 이용해서 만든 제단이 놓여 있다. 이는 아래쪽에서 올라오는 넓은 폭의 계단과 형태적 유사성을 이어가려는 처리로 고대 제단의 이미지를 가장 직접적으로 차용한 것이다.

계단이 주축이 된 기단을 주요 모티프로 활용한 로시의 작품은 모두 기념비들이다. 이탈리아의 고도(古都) 도심에 단정하고 차분한 모습으로 자리 잡고서 시민들에게 로마 시대에 대한 기억을 자극한다. 자극은 위압적이거나 정치적이지 않고 은유적이며 건축적이다. 현대화된 역사성의 전형이다. 어번 퍼니처(uran furniture)로서의 모범적 예로, 이런 작품성은 도시 외부에 중요한 공공성을 제공한다. 이탈리아 역사와 전통에 맞는 지역주의인 동시에 시대를 초월한 고전의 보편성도 갖는다. 불필요한 것은 다 없애고 조금 모자란 듯싶은데도 없는 것 없이 다 있다. 추상 고전의 모범적 예이다. 고층 건물이나 대형 공간 같은 대작이 없이도 로시를 1980년대 유럽 최고의 건축가로 만든 비밀이다. 거리를 오가는 불특정 다수의 시민들에게 유럽의 공통적이고 보편적인 역사성을 친근한 규모로 깨우쳐주기 때문이다.

5장

전쟁이 웅장한 계단을 만들어내다

―

중세

12　전쟁, 중세의 계단을 오르다

　중세는 계단의 침체기였다. 로마 시대 때 활성화되었던 계단은 중세 들어 나선형 계단 한 종류로 국한되었다. 일종의 절제 현상으로 볼 수 있는데, 기독교 절대 문명이 시작되면서 로마 문명의 현세주의와 쾌락주의가 사라진 데 따른 당연한 결과였다. 로마 때 다양하게 분화했던 인간 중심의 문명은 중세 들어 전쟁과 기독교로 단순화되었다. 이 가운데 중세 계단을 이끈 것은 전쟁 문명이었다. 기독교 건축은 초월주의가 주도하면서 계단 같은 구체적이고 물리적인 매개는 사라졌다. 물론 중세 성당의 수직 높이나 이를 가능하게 해준 실내 벽의 '아케이드-트리포리움-천측창'의 세 단 구성에 담긴 앙천성은 야곱의 사다리를 배경 개념으로 가진 것이었지만 계단의 직접적 모습은 나타나지 않았다.

　중세에서 계단의 발전은 전쟁이라는 화급한 기능적 요구가 이끌었다. 전쟁용 건축물인 성채에 부속된 나선형 계단이 대표적 예였다. 현대 건축에서 나선형 계단은 독특한 형태 때문에 조형적 목적으로 많이 사용하는 계단 유형이다. 시각적 조형성을 중시하는 서양 건축에서 특히 두드러지는데 그 뿌리는 의외로 중세까지 거슬러 올라간다. 나선형 계단에는 현대 건축에서 생각하는 것처럼 기하학적 조형성만 있는

5-1
크레이그밀러 성채 망루 탑

것은 아니어서 중세성과 관련한 여러 건축적 주제가 담겨 있다. 또한 나선형 계단은 자세히 들여다보면 형태와 치수 등에서 다양성을 보이는데 이런 내용은 처음부터 나타난 것은 아니며 중세 내에서 시간의 흐름과 함께 일정한 변천과 발전을 겪은 산물이었다.

방어와 은밀함을 시작한 나선형 계단

나선형 계단은 부드러운 곡선과 세련된 형태를 자랑하는데 처음에는 이보다 많이 거칠고 원시적 상태로 시작되었다. 시작은 형태성보다는 외벽을 두껍게 해서 그 속에 집어넣는 등 공간 절약의 목적이 더 컸다. 이런 처리는 교회 건물과 성채가 이끌었는데 초기 기독교의 낮은 건물에서 벗어나 교회가 조금씩 높아지기 시작하고 봉건영주들의 성채가 축조되기 시작한 중세 초기부터 나타났다.[5-1] 이미 카롤링거 왕조의 왕궁 채플에서부터 출입구 옆 벽 속에 나선형 계단을 넣었으며, 주로 벽을 두껍게 지었던 로마네스크 때 많이 유행했다.[5-2] 성당 곳곳 필요한 곳에 어렵지 않게 나선형 계단을 둘 수 있었으며 버트레스도 애용하는

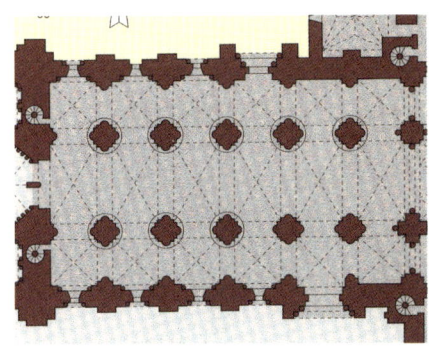

5-2
산 비센테 대성당, 스페인 아빌라, 1175~1200년

장소였다. 나선형 계단은 공간 절약을 가장 많이 할 수 있는 계단이다. 법규에서는 1.2미터의 정사각형 공간을 요구하지만 실제로는 성인의 경우 90센티미터 정도만 있으면 된다. 이 작은 공간만 있으면 수십 층이라도 빙글빙글 돌면서 올라갈 수 있다. 로마네스크 때는 2미터 안팎의 벽들도 흔했기 때문에 그 속에 나선형 계단을 넣는 것은 쉬운 일이었다.

여기에서 파생된 주제가 은밀함과 관음이다. 통상적인 계단실이 넓고 시원하게 뚫린 공간인 데 반해 중세 나선형 계단은 좁은 벽 속에 구겨 넣듯 배치하고 사면이 막혀 있기 때문에 매우 은밀한 공간이 된다. 또한 계단이 돌아 올라가기 때문에 조금만 보이다 끊겨버린다. 은밀함은 관음으로 발전한다.5-3 사람들은 누구나 어두컴컴하면서 숨겨진 곳을 몰래 보고 싶은 충동적

5-3
중세 나선형 계단의 은밀함

5-4
파리 생에티엔뒤몽 교구교회, 1492~1626년. 교회에 쓰인 나선형 계단을 대표하는 예이나 건물의 일부분이 아닌 설교단용 계단이다. 시기도 르네상스가 한창 진행 중이던 중세 후기이며, 그나마 이 정도로 명확하게 드러난 교회 계단도 매우 드물다.

본능을 가지고 있게 마련이다. 돌다 끊겨버린 저 속에는 무엇이 있을까 궁금해진다. 이 때문에 추리소설에서 나선형 계단은 미궁의 살인사건이 벌어지는 장소로 자주 등장한다. 은밀함과 관음은 인본주의 시각에서 바라보는 중세 이미지와도 일맥상통한다. 인간의 논리적 이성에 의해 사물을 명쾌하게 설명하려는 인본주의 입장에서 볼 때 중세는 신이라는 이름 아래 모든 것이 불투명하고 비합리적으로 가려진 암흑기였는데, 이것은 공교롭게도 나선형 계단이 갖는 은밀함과 관음의 이미지와 일치한다.

봉건제도가 자리 잡고 전쟁이 많아지면서 계단의 발달을 이끈 건물은 성채로 모아졌다. 교회 건물에도 직접적으로 계단을 쓴 경우가 있긴 했지만 그 수가 매우 미미해서 하나의 현상으로 정리할 정도는 안 되었으며 시기도 중세 후반부에 집중되었다.[5-4] 반면 성채에서 나선형 계단은 독립 공간으로 떨어져 나오는 발전을 보였다. 전쟁을 수행하는 곳이기 때문에 효율성이 중요해짐에 따라 벽 속에 틀어박혀 있을 수만은 없었기 때문이다. 무엇보다도 성채 자체가 초기의 비정형 구성에서 많이 정리되었는데 기하 윤곽이 뚜렷한 나선형 계단이 중요한 역할을

5-5
뷰마리스 성채, 영국 앵글레시,
1295~

했다. 나선형 계단은 원형 평면과 원통형 입체라는 독자적 기하 형태를 띠며 떨어져 나와 성채 구성에서 당당한 핵심 요소가 되었다.[5-5] 성채는 보통 안뜰(bailey)을 중심으로 내성(donjon), 본성(keep), 탑 등으로 구성되는데, 나선형 계단은 이런 시설에 골고루 들어갔다.

이런 성채 시설에 들어가는 계단에 특별한 규칙은 없었다. 백이면 백 모두 달랐으며 그때그때 사정에 따라 형태와 방식, 크기와 방향, 층수와 치수, 위치와 개폐도 등이 결정되었다. 본성 외벽에 바짝 붙어서 만들어지는 경우, 한중간에 만들어지는 경우, 완전히 한 바퀴 도는 나선형 계단, 반원에 머무는 경우, 곧은 계단과 함께 쓰이는 경우 등등 실로 다양했다.[5-6, 5-7] 귀납적 유기 구성이 건축을 지배하던 시기다운 다양성이었다. 이런 다양성의 최대 원인은 물론 전쟁을 효율적으로 수행하기 위한 기능적 목적이었다. 각각의 성채가 처한 상황에서 효율성을 극대화하다 보니 모두 달라진 것이다. 망루가 계단과 함께 만들어지면서 감시와 정보 전달 등의 효율이 높아졌다. 나선형 계단은 두세 명의 병사가 교행을 할 수 있고 그 속에서 칼싸움도 할 수 있을 정도의 치수도 확보되는 등 크기도 확장되었다. 그러나 창이 적어서 채광이 안 되는 등 나선형 계단을 낀 은밀함은 계속되었다. 은밀함이 사라진 것은 중세 후반 창 면적을 최대한 늘려 계단실이 열리면서부터였다. 그전까지 중세 성채의 나선형 계단은 가히 은밀함의 대표주자라 할 만했다.

나선형 계단이 갖는 은밀함에는 여러 이유가 있었다. 무엇보다 기술적 이유가 컸다. 로마가 붕괴하면서 로마의 건축술을 이어받은 것은 비잔틴의 동방이었고 서방의 건축술은 13세기, 최소한 12세기까지는 많이 침체되어 있었다. 계단은 응력이 많이 걸리고 정밀한 시공 기술을 요하는 등 어려운 기술에 속했기 때문에 넓은 계단을 만드는 것은 쉬운 일이 아니었다. 대형 통일국가의 등장이 늦은 정치적 이유도 있었다. 왕국이라는 이름을 가진 나라라고 해봤자 잉글랜드와 프랑스 정도였고 그나마도 지금의 주 단위의 더 작은 왕국들의 연합체였다. 독일은 더 심해서 수십 개의 공국으로 나뉘어 있었고, 이탈리아는 로마 제국 붕괴 이후 도시국가 체제로 전환했다. 대형 계단을 축조할 만한 배짱을 가진 정치 세력이 나타나지 않았다. 봉건영주 단위로 작은 성채 하나를 지키는 게 급선무였기 때문에 계단은 우선순위에서 밀렸다.

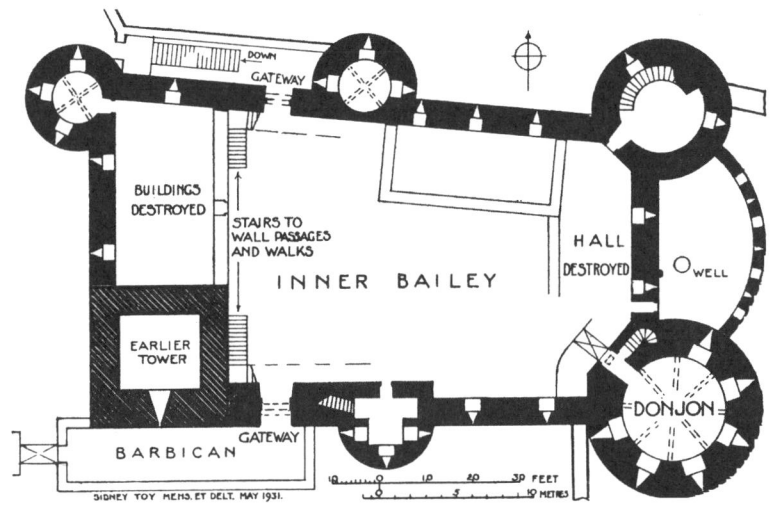

5-6
나작 성채, 안뜰

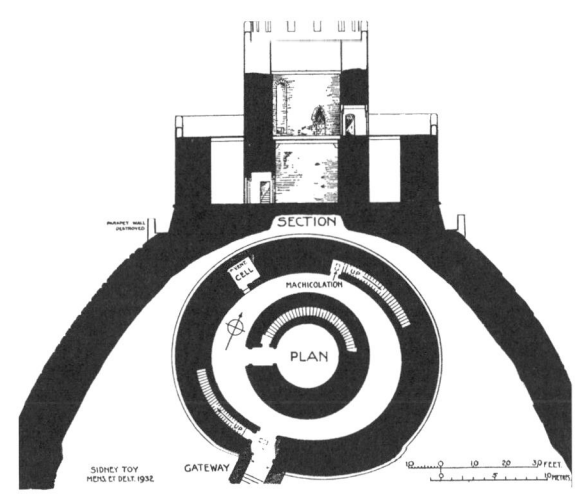

5-7
론서스턴 성채, 본성

이런 상황에서 전쟁과 관련한 기능적 목적이 제일 중요하게 작용했다. 본성 실내 전체가 한눈에 들어오지 않는 상황에서 두꺼운 벽 속에 갇혀 한구석에 처박혀 있는 은밀한 나선형 계단은 성내의 동선을 복잡하게 만들어 적의 침입을 교란하고 지연시키는 효과를 냈다. 좁고 경사가 급한 점도 방어에 유리했다. 한 칸에 많아야 두세 명밖에 못 서며 그나마도 팔을 움직이는 등의 활동에 제약이 많기 때문에 방어하는 쪽이 위에 설 경우 매우 유리했다.

수직 구성과 프라이버시로 발전하다

한편 거시적 차원의 중세 건축 전체로 보면 나선형 계단은 이와 반대의 이유인 단순성 때문에 선호된 측면이 더 강하다. 많은 면적을 차지하지 않고 형태도 자유로워서 아무 곳에나 붙이기만 하면 되었기 때문에 성채뿐 아니라 주택 등 주거에도 많이 쓰였다. 더 확장하면 중세 때 평면 구성과도 연관이 깊다. 중세 때에는 건물 전체를 지배하는 큰 구도나 질서 없이 몇 개의 영역으로 나누어 구성했다. 이 때문에 건물 구성은 매우 비정형적이고 귀납적이었으며 각 영역마다 별도의 계단을 두었다. 이런 구성에는 계단도 불규칙적이 되었으며, 무엇보

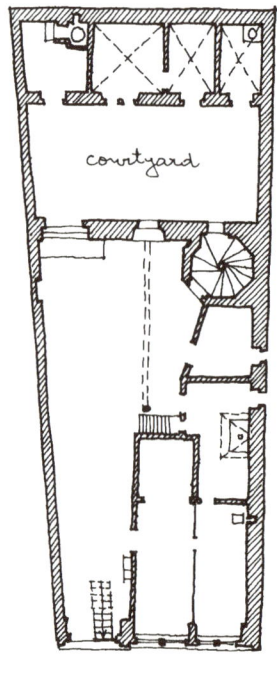

5-8
로텐부르크 옵 데어 타우버의 중세 수석장인 주택

다도 면적을 적게 차지하는 것이 중요했다. 공간의 수직 구성도 반 층 차이로 서로 맞물리는 등 규칙성이 현저히 떨어지면서 길이나 높이에서 반 토막 계단도 흔했다. 불규칙한 공간에 끼워 넣기 쉬운 나선형 계단은 이런 상황에 잘 맞아서 인기가 높았다.[5-8]

이외에도 중세 계단은 방으로 진입하는 동선들이 마주치는 것을 피하게 해서 프라이버시를 지키는 역할도 했다. 중세 때에는 건물이 층보다는 블록 단위로 구획이 되는 것이 통례여서 같은 층 내에서도 동선의 단절이 일어나는 반면 같은 블록 내에서는 위아래 사이의 교통이 더 중요했다. 블록 단위의 구성에서는 각 방의 독립성이 층 단위의 구성보다 더 잘 지켜졌다. 이는 곧 중세에 고착된 은밀함의 이미지에 해당되는 내용이기도 했다. 나선형 계단, 또는 이것을 조금 늘어트린 비정형 계단은 이런 구성에 잘 맞았다. 블록 단위로 구획되면서 같은 층 내에서 복도의 면적은 확연히 줄었는데 이 자리를 대신한 것이 계단이었다.[5-9] 계단이 복도 기능을 상당 부분 겸하면서 지금 기준으로 보면 방 수나 건물 크기에 비해 계단 수가 많은 편이었다. 큰 계단 하나를 몇 개의 작은 계단으로 나누어 여러 곳에 분산시킨 격이었다.

예를 들어 부르주에 있는 자크 쾨르 맨션에는 8개, 샹보르 궁전에는 무려 25개의

5-9
히르슈베르크의 중세 시장 44호

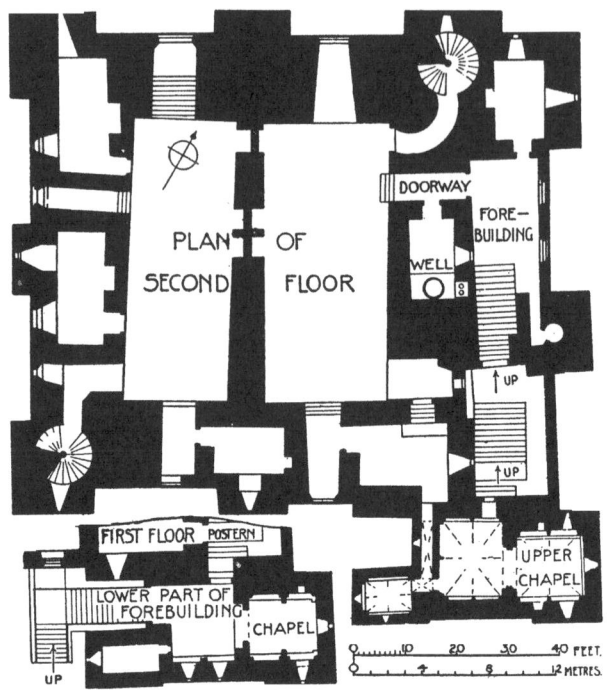

5-10
도버 성채, 본성

계단실이 있다. 도버 성채의 본성은 한 변이 20미터 남짓한 정사각형 블록인데 그 안에 10개의 계단이 있다.[5-10] 블록 단위 내에서는 복도가 아닌 계단을 중심으로 동선이 분배된다고 보는 편이 정확하다. 현대 건물의 일직선 복도 중심의 수평 확산과는 완전히 다른 공간 개념이다. 쉬운 예로 옥스퍼드나 케임브리지 같은 중세 때 세워진 영국의 대학교 건물이나 이를 흉내 낸 미국의 오래된 대학교 건물 등에서도 볼 수 있는 구성이다. 그 출처는 중세 시장이다. 개별 가게들이 일렬로 줄지어서면서 각 건물은 기본적으로 독립 단위인 동시에 입면과 평면 등에서 서로 일정한 연관성을 가지면서 시장 블록 단위의 구성 요소이기도 했다. 중세 때에는 귀족의 대저택이나 궁궐에서 중요한 방들이 아직 1층에 있었기 때문에 이런 구성이 가능했다. 2층으로 올리는 계단이 웅장하거나 건물의 한 중심을 차지할 필요가 없었기 때문이다.

방어와 관련해 나선형 계단에서 나올 수 있는 흥미로운 주제 가운데 하나가 '오른쪽 – 왼쪽'의 문제이다. 중세 나선형 계단은 오른쪽으로 감기는 것이 표준형인데 이는 싸울 때 방어자에게 유리하기 때문이라는 것이 통설이다. 계단이 오른쪽으로 감겨 올라가면 오른손잡이인 방어자가 위쪽에 있을 때 오른손을 쓰기가 유리한 데 반해 아래쪽에 있는 공격자는 오른손이 벽에 걸려 불리하다는 논리다. 이런 현상은 나선형 계단의 발판이 쐐기형인 데에서 기인한다. 발판이 중앙의 엄지기둥(newel)을 중심으로 안쪽은 발을 디디기 어려울 정도로 깊이가 좁은 데 반해 밖으로 갈수록 넓어진다. 따라서 오른손잡이인 경우 엄지기둥이 자신의 오른쪽에 있을 때가 더 유리하다. 발판의 면적을 충분히 확보하기 위해 발 디딤이 바깥쪽인 왼쪽으로 쏠리면서 오른쪽에 오른팔을 휘두르기에 유리한 공간이 확보되기 때문이다. 이런 주장은 특히 로더리(Guy Cadogan Rothery)가 많이 하는데 어느 정도는 맞지만 안 맞는 경우도 많다. 성벽을 사다리로 기어오르거나, 공격자와 수비자 중 한 사람이 왼손잡이이거나, 수비자가 아래에 있고 공격자가 위에 있는 경우 등에는 이 설명이 맞지 않는다. 또한 계단실이 어느 크기 이상이 되어도 위 주장은 설득력이 떨어진다.

나선형 계단이 어느 쪽으로 돌아 올라가느냐, 또는 더 일반화해서

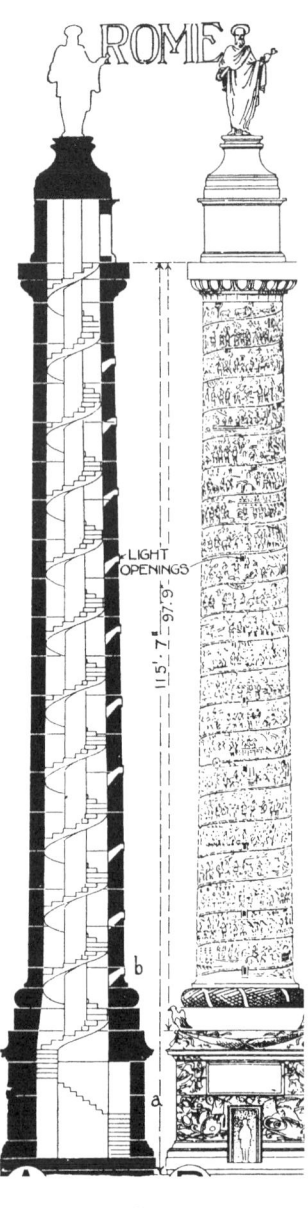

5-11
트라야누스의 승전기둥

계단이 어느 쪽으로 꺾이느냐의 문제는 르네상스 이후 관심 밖이었다가 현대에 들어와 형태심리학이나 환경심리학 계열에서 관심을 둔 적이 있다. 사람들의 공간 인지나 그에 따른 생체적이고 심리적인 반응 등에 영향을 끼치지 않을까 하는 생각에서였다. 예를 들어 오른쪽으로 돌 경우 오른발에 힘을 더 주어야 하기 때문에 다리 근육에 불균형이 생긴다든지, 우뇌에 자극이 더 간다든지 하는 식이었다. 또는 오른쪽으로 꺾이는 계단은 사람들에게 차분한 느낌을 주는 반면 왼쪽으로 꺾이는 계단은 감성적으로 느껴진다거나 하는 심리적 요인도 가정이 되었다. 그러나 결론은 별로 중요하지 않다는 것이었다. 계단에 머무는 시간이 인체에 영향을 끼칠 만큼 길지 않으며, 나선형 계단이 아닌 유턴 계단인 경우 크게 돌기 때문에 인체에 미치는 영향은 무시해도 될 정도라는 결론이었다. 난간, 천장, 창밖 풍경 등 감각을 자극하는 다른 요소들의 영향이 더 크다는 점을 생각하면 당연한 결과로 보인다.

오른쪽-왼쪽의 문제 역시 이보다는 기능적 이유에서 결정되는 경우가 대부분이다. 이는 특히 사용자가 아닌 설계자의 입장에서 생각하면 더욱 분명해진다. 건물 설계를 하다보면 계단에서 중요한 요소 가운데 하나가 출발 지점과 종착 지점을 결정하는 일이다. 이때 가장 중요한 고려 사항은 출발하는 층이나 도착하는 층 내에서 다른 방과의 위치와 거리 등이지 계단을 오른쪽으로 돌릴지 왼쪽으로 돌릴지의 여부는 아니다. 오른쪽이냐 왼쪽이냐의 여부는 이런 기능적 결정이 내려지면 그 다음에 부수적으로 결정되는 사항이다. 중세 성채는 전쟁을 수행하는 공간이었기 때문에 이런 기능적 결정이 더욱 절대적이었을 것이다.

나선형 계단은 이처럼 다분히 기능적 목적에서 나온 것이며 그 시작도 로마까지 거슬러 올라간다. 승전기둥(Column of Triumph)이 대표적인 예이다. 말 그대로 승전을 기념해서 세운 거대한 단일기둥 기념비인데 표면에는 승전을 기록하는 돋을새김을 새겼고, 안은 나선형 계단을 두어 꼭대기까지 오를 수 있게 했다. 트라야누스의 승전기둥을 보면 정상부의 동상을 뺀 본체만 34.6미터 높이였으며, 몸통은 지름이 약 5.5미터 정도 되는 원통형으로 이 속에 나선형 계단이 들어갔다.[5·11] 로마 시대에는 이외에도 스팔라토의 디오클레티아누스 궁전과 몇몇 주택 등에도 나선형 계단이 쓰였다.

| 13 | 스펙터클이 된 계단 |

중세 중반을 넘기면서 나선형 계단은 대형화되면서 성채 외부를 구성하는 핵심 요소로 발전했다. 이때까지 나선형 계단에 형성된 방어의 이미지를 조형 요소로 활용해서 상징화하려는 목적에서였다. 중세 초반에 주로 실내 기능에 국한해서 작동하던 나선형 계단을 대형화해서 외부로 뽑는 변화가 일어났다. 유력 봉건영주들은 자신들의 본거지에 나선형 계단이 들어 있는 큰 원형 탑을 만들어 밖에 붙임으로써 방어력을 과시했다. 이는 곧 군사력과 권력을 상징하는 것으로 받아들여졌다. 이런 변화는 중세 중반을 넘긴 13세기부터 주로 나타났다. 필리프 2세(재위 1180~1223년)와 성왕 루이(재위 1226~1270년)를 거치면서 프랑스는 국가 군주정체를 정착시키면서 통일국가를 강화했다.

전쟁은 이전의 봉건영주끼리의 국지전에서 국가 사이의 전면전으로 대형화되었고, 군사 건축이 전문 분야로 발전하기 시작했다. 방어 기능이 본성 실내에서 외부로 옮겨감에 따라 나선형 계단과 탑은 방어 기능 이외에 교통과 조형이라는 계단 본연의 기능을 되찾았다. 이 가운데 조형적 목적이 강조되면서 나선형 계단이 들어 있는 원통형 탑은 성주의 지위를 상징하는 아이콘이 되었다. 이런 장면은 중세를 그린 일러스트에서 쉽게 발견할 수 있다.[5-12] 희고 둥근 원통형 탑은 그 자체로 기하학적 조형성이 뛰어났으며 성 본체의 고형적 분위기와 잘 어울렸다. 나아가 크고 웅장한 원통형 탑이 여러 개 삐쭉 솟아 있는 모습을 보면 적은 성을 공격할 의욕을 상실하기 쉬웠다. 성채 외관 이곳저곳을 화려하게 장식한 원통형 탑은 중세를 대표하는 아이콘임에 틀림없었다.

권력과 군사력을 상징하다

이런 예들은 중세 성채에서는 대부분 관찰이 된다. 대도시도 예외는 아니어서 유럽을 대표하는 양대 산맥인 파리나 런던이 좋은 예이다. 두 도시에 세워진 나선형 계단은 알프스 이북 유럽에 독자적 문명이 형성

5-12
피에르 르보가 그린 브레통 연대기 및 역사서에 등장하는 중세 성채 장면, 15세기

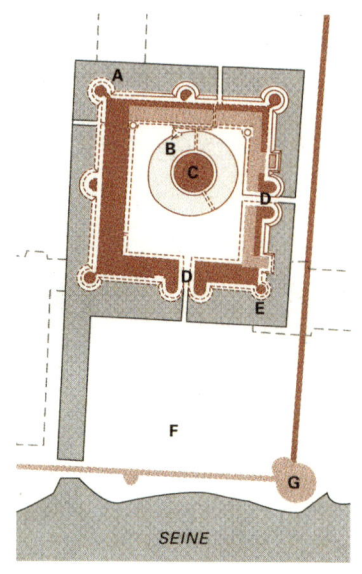

5-13
중세 루브르. 회색 A 부분이 12세기 때 처음 축조된 성채이다. 샤를 5세는 B에 해당되는 신 대나선형 계단을 더해서 안마당을 다듬고 D에서 G에 이르는 확장 공사를 통해 왕궁의 면모를 갖추었다.

된 중세의 역사와 궤를 같이한다. 1364년에 레이몽 드 템플(Raymond de Temple)은 샤를 5세(재위 1364~1380년)가 주도한 파리 루브르 개축 때 8.22미터 지름의 계단실을 건물 본체에서 분리시켜 별도 공간으로 세웠다. 이름도 신 대나선형 계단이라는 뜻의 '라 그랑드 비즈 뇌브(la Grande Viz Neuve)'라는 별명으로 불렀다.[5-13]

    샤를 5세는 이전의 어수선했던 프랑스의 침체기를 떨치고 중세 전성기의 기틀을 닦은 왕이었다. 그는 무엇보다 왕권을 튼튼히 했는데 영국과의 백년전쟁은 그에게는 무척 피곤한 부담이었다. 그는 영국과 직접 전쟁을 벌이기보다 내실을 다지고 왕권을 드높이는 상징적 행위 같은 우회 전략을 즐겨 사용했다. 대관식을 랭스 성당에서 거행해서 정통성을 확보했으며, 루브르 개축도 중요한 사업이었다. 12세기 때 성채

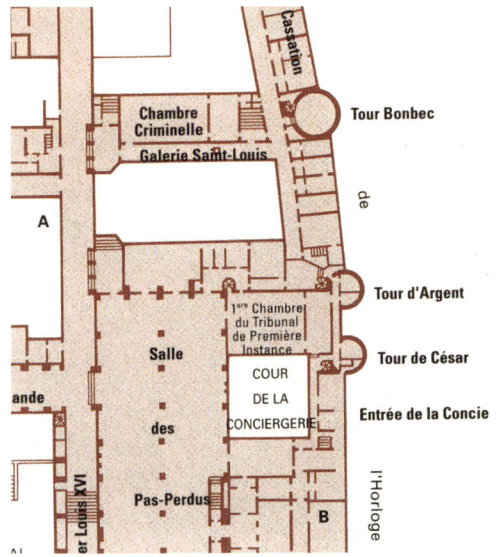

5-14
시테 궁. 오른쪽의 원 세 개가 필리프 4세가 세운 나선형 계단이다. 이 부분만 그의 별명을 따서 '공정왕 필리프'의 궁전이라고도 부른다. 이후 감옥으로 쓰이다가 19세기 후반에 대법원 청사로 편입되었다.

로 지어졌던 자그마한 루브르를 규모와 건축적 수준 등에서 왕궁 반열로 올려놓은 사업이었는데, 나선형 계단의 첨가는 핵심을 차지했다. 이 계단은 1624년에 철거되었다.

파리의 또 다른 예로 필리프 4세(공정왕, 재위 1285~1314년)가 세운 세 개의 원통형 탑을 들 수 있다. 이 계단실은 파리의 심장부에 해당되는 시테 궁의 시계탑 구역에 위치하고 있다. 시테 궁도 중세 때 루브르 옆에 성채의 일환으로 시작된 이래 19세기까지 오랜 시간에 걸쳐 단계적으로 증축되었는데, 필리프 4세의 나선형 계단도 중요한 부분을 차지한다.5-14, 5-15 그의 재위는 앞에서 얘기한 샤를 5세 이전의 프랑스 혼란기의 전형을 보여줄 정도로 영국이나 신성로마제국, 로마 교황청 등과 충돌이 많았던 때이다. 공정왕이라는 별명과는 오히려 반대인데,

5-15
공정왕 필리프의 궁전에 있는 세 개의 나선형 계단 외관

이 별명은 그의 외모가 반듯해서 얻은 것일 뿐이다. 아무튼 그는 이런 흔들리는 왕권을 바로잡기 위해 원통형 탑을 세워 최소한 외관만이라도 과시하고 싶었다. 그림을 보면 알 수 있듯이, 이 탑들은 속에 직접 나선형 계단을 갖지는 않았다. 그러기에는 너무 컸다. 나선형 계단은 탑 바로 옆에 최소한의 크기로 부속되었다. 이 계단은 정상부에 단두대가 설치되어 있어서 마리 앙투아네트를 비롯하여 많은 권력층 처형자들이 올랐던 곳이다.

이상 파리의 두 예는 14세기 프랑스 궁정에 나타난 변화의 일환이었다. 왕권이 점차 안정되고 왕실 내에서의 의전 행사가 중요해지면서 이에 걸맞은 건축 처리를 고안해냈는데 '그레이트 스파이럴(Great

Spiral)'이라 불리는 요소가 결과물로 나타났다. 개방화된 대형 나선형 계단, 우뚝 솟은 탑, 거창한 출입구, 화려한 조각품 등으로 구성된 세트 부재였다. 이는 고대 계단에 나타난 제식용 장경주의를 중세 왕국에 맞게 가져다 쓴 것으로 볼 수 있다. 앞에서 소개한 중세 루브르와 시테 궁이 대표적 예로, 향후 150년 동안 프랑스 중세 내내 귀족들 대저택에 표준형으로 사용되었다. 일부는 르네상스까지 이어졌다.

런던 타워도 빠질 수 없는 예이다. 템스 강 북쪽 기슭에 위치하는데 정복왕 윌리엄 1세(재위 1066~1087년)가 세운 것이다. 그는 노르망디공국 출신으로 당시 영국을 지배하던 앵글로색슨 계의 헤럴드 2세를 물리치고 영국에 노르만 왕조를 세운 장본인이다. 자신의 왕권을 튼튼히 하고 새 영토를 지키기 위해 영국 왕으로 즉위하자마자 바로 성채를 축조하기 시작했다. 핵심부인 런던 타워는 1073년부터 시작되었으며, 이후 성채 전반은 12~13세기를 거치며 주로 헨리 1세에서 헨리 3세 사이에 집중적으로 증축되었다. 이 과정에서 내성과 외성으로 이원화되고 왕궁도 들어가는 등 명실공히 영국을 대표하는 군사 시설이 되었다.5-16

5-16
런던 타워 전경

5-17
에드워드 2세(재위 1307~1327년) 때 템스 강에서 바라본 런던 전경. 흰색이 런던 타워이다.

내성에는 블러디 타워와 런던 타워 등 모두 13개의 원통형 탑을, 외성에는 6개의 원통형 탑과 감옥을 각각 갖추었다. 런던타워는 이 성 전부를 지칭하기도 하나 보통은 왕궁이 들어 있는 중심 건물을 가리키며 흰색을 띠어서 '화이트 타워'로 불린다. 흰색인 이유는 윌리엄 1세가 자신의 고향인 프랑스 노르망디의 캉에서 흰 돌을 가져다 지었기 때문이다.[5·17] 높이는 27미터이고, 정사각형에 가까운 윤곽을 갖고 있으며, 원통형 탑이 네 귀퉁이를 받치고 있다. 속에는 왕궁 이외에도 성 요한 예배당과 납골당 등이 들어 있다.

성채 하나뿐 아니라 작은 도시의 경우 도시 전체에 나선형 계단이 들어 있는 탑을 세워 방어적 이미지를 공고히 하기도 했는데 산 지미냐노(San Gimignano)가 대표적 예이다. 토스카나 지방 시에나 북서쪽 근교에 위치하는 작은 도시인데 로마 시대에는 '실바의 도시(City of Silva)'라고 불렸다. 4세기 후반에 야만족의 침입을 물리친 모데나 주교 지미냐노를 기려 개칭했다. 토스카나는 전쟁이 많았던 지역으로 이후 중세를 거치면서 자체 방어를 위해 군사 시설의 일환으로 탑을 꾸준히 쌓기 시작했다. 숫자가 어느 정도 이상이 되면서 시민들은 숫자를 늘리면 심리적으로 방어 기능을 증강시킬 수 있을 것임을 간파하고 1350년에는 모두 72개까지 세웠다. 지금은 14개만 남아 있다.[5·18] 탑은 기능적으로는 네 방향을 꺾어 올라가는 사각형 회전 계단을 갖춘 망루이며, 상징적으로는 방어력을 상징하는 중세 탑의 전형이다.

이상의 예들은 나선형 계단에 대한 인식을 바꿔놓았는데 이전의 은밀함과 관음에서 기하학적 조형성으로 그 특징이 변한 것이다. 조형적으로 보더라도 나선형 계단은 다른 계단과 달리 빙글빙글 돌아 올라

5-18
산 지미냐노 전경

가는 묘한 형태적 특징이 있었다. 또한 계단의 길이가 짧아서 급한 꺾임이 일어났다. 둘을 합하면 '사선과 급한 꺾임의 반복'이 되는데 이는 역동성을 대표하는 조형적 특징이었다. 13세기 들어 나선형 계단에 대한 중세인들의 관심이 기하학적 조형성으로 옮겨갔음을 보여주는 좋은 증거로 나선형 계단을 조개껍데기에서 유래한 것으로 보는 시각을 들 수 있다.

이런 시각은 주로 이탈리아에서 많이 나타났다. 예를 들어 베네치

5-19
조반니 콘디, 베네치아의 팔라초 콘타리니에
있는 보볼로 계단, 1499년

아의 팔라초 콘타리니(Palazzo Contarini)에 있는 나선형 계단은 '보볼로 계단(Scala del Bovolo)'이라는 별명으로 불렸는데, 이 말은 '조개껍데기의 계단'이란 뜻이다.[5-19] 피렌체 근교 피에솔레의 산 도메니코 수녀원에도 나선형 계단이 있는데, 이 계단은 '소라껍데기의 계단(Scala della Conchiglia)'이라고 불린다. 이를 볼 때 나선형 계단의 중요한 출처 가운데 하나가 소라껍데기임을 알 수 있고, 이는 곧 소라껍데기가 갖는 탄력적 기하학성을 활용하려는 의도가 있었다는 증거이기도 하다.

나선형 계단을 집권층의 권력을 상징하는 아이콘으로 활용하려는 경향이 곧은 계단에서도 유사하게 나타나는데, 중세 시청사가 대표적 예이다. 시청사는 나선형 계단으로 통일된 중세 계단에서 곧은 계단이 쓰인 드문 예이기도 하다. 중세 때 시청사는 대부분 도심 광장의 네 면 가운데 한 면을 차지하고 들어섰다. 나머지 세 면은 성당, 시민회관, 가게가 차지하는 것이 표준 구성이었다. 시청사는 세속권력, 성당은 종교권력, 시민회관은 시민권력, 가게는 경제권력을 각각 대표했다. 이 가운데 시청사에 유독 곧은 계단이 많이 쓰였다. 성당에 대부분 계단이 없는 것에 대비되는 현상인데, 이는 종교권력에 맞서서 세속권력을 인위적으로 과시하기 위한 의도에서 나타난 것이었다. 이에 맞춰 계단 형식도 로마 시대 때 신전 기단에 쓰인 것과 유사한 곧은 계단이 주를 이루었다.

페루자 시청사는 대표적인 예이다.[5-20] 이 건물은 1/4원의 부채꼴 형태로 펼쳐진 계단이 압권이다. 이런 처리는 다목적이다. 기능적으로 보면 광장의 여러 방향에서 동선을 꺾거나 틀지 않고 바로 접근할 수 있어서 유입성이 아주 높다. 시각적으로는 기하학적 품위를 갖는다. 모

5-20
페루자 시청사, 이탈리아, 1281~

두 시청사에 적합한 항목들이다. 시민들의 발걸음을 환영하는 동시에 공권력의 권위도 함께 갖추겠다는 양수겸장(兩手兼將)이다. 이 계단을 타고 한 층을 오르면 삼엽형 뾰쪽 아치로 윤곽을 짠 주 출입구가 나온다. 성당의 대 출입문에 버금가는 크기인데 아래쪽 계단의 기하학적 품위와 잘 어울리며 공권력의 권위를 한층 높여준다. 계단은 여기서 끝나지 않고 곧은 계단으로 이어져 한 층을 더 올라 건물 끝까지 이어진다. 이 부분은 폭도 좁고 일직선이어서 부채꼴로 활짝 펴진 아래쪽 계단과 반대 분위기다. 계단 끝에 달린 문도 아래쪽 주 출입구를 소형화한 버전이다. 계단을 두 종류로 이원화해서 다양한 분위기를 냈다.

나선형 계단의 개방화

나선형 계단을 대형화한 다음에는 이런 조형성을 적극적으로 활용하려는 경향으로 이어졌다. 이를 위해 계단실을 더 대형화하고 외벽에 창을 뚫어 사선과 급한 꺾임을 밖으로 잘 드러나 보이게 했다. 대형화에 이은 개방화였다. 원통형 탑의 대형화 단계에서는 아직 창이 제대로 나지 않았다. 원통형 탑은 아직 군사 시설이었기 때문에 안에서 밖을 감시할 수 있는 작은 구멍이 전부였다. 다음 단계는 여기에 창을 뚫는 일이었다. 이런 변화는 의미하는 바가 컸는데 세 가지로 정리할 수 있다. 첫째, 창은 환기와 채광 등 위생 상황을 크게 개선시켰다. 둘째, 개방적 모습 자체가 중요한 의미를 가졌다. 이전까지 폐쇄적이고 둔탁한 벽 속에 갇혀 있던 계단실이 문을 열고 밖으로 나온 셈인데, 이는 곧 외부와 소통하려는 의미를 상징하는 것으로 그만큼 세계관이 바뀌었음을 보여주는 증거였다. 셋째, 시각 작용도 중요해서 계단이 갖는 사선의 역동성이 외부 조형 요소로 쓰이기 시작했다. 수평으로 가지런히 나 있는 창 옆에 사선으로 치고 올라가는 계단실 창은 파격의 미학을 만들었다. 안정적 조화를 중시하던 르네상스 때에는 이런 파격을 부담스러워해서 계단을 기피하려 했지만 비정형주의가 지배하던 중세 때에는 이런 파격이 오히려 조형적으로 장점이었다.

이런 변화는 유럽 역사에서 매우 중요한 것이어서 나선형 계단이 영주의 방어력과 군사력을 상징하는 단계를 벗어나 조형적 가능성을 적극적으로 개발함으로써 문화적이고 예술적인 역량을 과시하려는 한 단계 높은 수준으로 발전했음을 의미했다. 쉽게 얘기해서 물리적 힘에 의존하는 원시적 경쟁에 문화적 마인드가 싹트기 시작한 것이었다. 이런 변화가 정확히 언제 일어났는지 단정 지을 수는 없지만 로마네스크 때 시작되어 중세 후반 들어 봉건제도가 쇠퇴한 데 따른 후속 현상으로 자리 잡았다고 볼 수 있다. 근대국가의 초기 모습이 나타나면서 영주 단위의 작은 전쟁이 사라지고 국가 간 외교와 힘의 균형이 중요해졌다. 이에 따라 원통형 탑을 삐쭉삐쭉 세워서 물리력을 과시하는 다소 유치한 수준의 군사적 과시는 사라지고 조형성으로 승부하는 단계로 진입

했다. 또는 개방화 현상에 초점을 맞춘다면 중세의 폐쇄적 문화에서 르네상스의 개방적 문화로 옮겨가는 변화에 대응시킬 수 있다. 이상을 종합하면 나선형 계단은 중세 초반의 방어와 은밀함, 중반의 조형성과 군사력 상징, 후반의 대형화와 개방화의 발전을 거쳤음을 알 수 있다.

나선형 계단의 개방화는 건축적으로 보면 창의 면적이 넓어지는 현상과 계단의 사선을 밖으로 드러내는 현상, 두 가지가 주안점이었다. 이 둘이 모두 나타난 예는 그렇게 많지 않으며 창 면적만 넓어지는 현상이 주를 이루었다. 로마네스크 때 성당에 부속된 첨탑인 캄파닐레(Campanile)를 그 출처로 볼 수 있다. 처음에는 성당 출입구 좌우에 세워 인위적 수직성을 주기 위한 요소로 시작되었다. 사각 탑이 대부분이

5-21
산 마르티노, 이탈리아 루카, 12~15세기

어서 네 방향으로 돌아 올라가는 회전 계단이 속에 장착되었다. 창은 저층은 적게 뚫고 위로 올라갈수록 점점 많아져서 상층부는 벽의 절반까지도 창을 냈는데 이 부분에서 향후 개방화의 씨앗이 뿌려진 것으로 볼 수 있다.[5-21] 그러나 성당에 부착된 캄파닐레에서는 창이 층별로 확실히 구획되어서 사선 요소는 밖으로 드러나지 않는 것이 통례였다.

캄파닐레는 이후 성당뿐 아니라 시청, 시민회관, 성채 등으로 부속 대상이 확장되었다. 도심 광장에 단독으로 서기도 했다. 이런 과정을 거치면서 중세 도시를 상징하는 대표적 아이콘이 되었다. 피사의 사탑(Torre Pendente di Pisa)은 단독으로 선 대표적 예인데 건립 연대가 1174~1271년이어서 아직 중세 중반이었다. 이 건물은 지름 15.84미터의 독립 나선형 계단 구조물인데 사선은 밖으로 드러나지 않은 대신 개방적 창 처리에서 중요성을 갖는다. 피사의 사탑은 건물 전체가 기울어서 만들어내는 사선으로 유명하다. 약한 지반이 원인이라는 것이 20세기 들어 밝혀졌는데 이전까지는 기운 원인을 두고 추측이 많았다. 심지어 괴테조차 도시 전체에 수직 탑이 너무 많아 여기에 파격을 주려고 일부러 기울여서 사선을 도입한 것이라고 했다.

피사의 사탑에서 나선형 계단은 내부 벽 속에 묻힌 대신 외벽에 아치로 구멍을 숭숭 뚫듯 창을 냈다. 각 층에 일종의 베란다를 내고 아치로 스크린을 만든 것으로 볼 수 있는데 이 부분이 당시 창을 개방하기 위해 새롭게 발명된 건축술이었다.[5-22] 이는 로마네스크 때 성당에 부착되던 캄파닐레의 상층부 창 처리를 극단적으로 발전시켜 가능한 한 벽을 다 털어내고 아치만으로 막 같은 구조물을 만든 것이었다. 이런 처리가 피사의 사탑이 처음은 아니었다. 토스카나 로마네스크 건축에서 폭넓게 사용된 기법이었는데, 피사의 사탑은 이것을 나선형 계단 외벽에 응용한 것이었다. 그러나 사선이 밖으로 드러나 조형 요소로 사용하는 단계까지 나아가지는 않았다.

이후 중세 전반에 걸쳐 나선형 계단의 창을 개방하는 표준 기법이 되면서 다양하게 응용되었는데, 이것을 가장 적극적으로 받아들여 활용한 곳이 프랑스의 루아르 계곡 일대 주요 성채들이었다. 이곳은 파리로 들어가는 관문 가운데 하나로 일찍이 이탈리아 문명을 받아들이는 데 열심이었다. 프랑스 중세 성채들이 가장 집중적으로 몰려 있는 곳이면서 동시에 프랑스에서 탈 중세의 초기 근대 움직임이 가장 먼저 일어난 곳이기도 했다. 이를 위해 이탈리아 문명이 필요했다. 실제로 이 지역의 중세 말기인 14~15세기가 이탈리아에서는 르네상스에 해당되었으며, 프랑스 르네상스는 루아르 계곡을 통해 이를 받아들이면서 시작되었다. 샤토덩, 블루아, 샹보르 등을 대표적 예로 들 수 있다. 이곳에서는 외벽에 큰 창을 뚫어 활짝 개방된 나선형 계단이 쓰였으며 사선도 밖으로 드러났다. 이런 현상은 중세 내에서의 발전이 마지막 단계에 이른 것인 동시에 어느새 르네상스의 개방성이 스며 들어와 탈 중세의 움직임이 나타난 것으로도 볼 수 있다.5-23

이 가운데 블루아가 단연 돋보인다. 이 건물은 개방적 창 처리뿐

5-22
피사의 사탑, 이탈리아 토스카나, 1174~1271년

5-23
샤토덩 성채의 나선형 계단, 프랑스 루아르 계곡, 15세기

아니라 나선형 계단의 사선이 밖으로 드러난 대표적 예이기도 하다. 따라서 중세 후기 개방화에 나타난 두 가지 특징을 함께 보여주는 대표적인 예이다. 건립 연대도 1515~1524년이어서 프랑스 중세 말기에 해당된다. 블루아 성은 903년에 처음 지어지기 시작하여 13세기에 조금 증축되었다가 루이 12세(재위 1498~1515년)와 프랑수아 1세(재위 1515~1547년) 때 지금의 골격이 완성되었다. 핵심부는 북동측랑(north-east wing)인데 대부분이 루이 12세 때인 1498~1508년 사이에 집중적으로 지어져서 '루이 12세 윙'이라 불린다. 다시 이것의 핵심부인 3층짜리 나선형 계단과 신전 파사드 출입구는 프랑수아 1세 때 지어져서 이 부분은 '프랑수아 1세 윙'이라 불린다.

나선형 계단은 반은 건물 안에 묻히고 반만 외부로 노출되었는데 외부는 세 번 꺾어서 육각형 절반으로 처리했다.5-24 창은 가능한 한 크게 뚫은 점과 계단 발판을 일정한 높이를 갖는 돋을새김 패널로 노출시켜 사선미학을 극대화시킨 점 등은 앞에 소개한 개방화 경향의 모범이다. 계단실 내부는 넓은 창에서 들어오는 햇빛 덕분에 밝고 위생적이 되었으며, 무엇보다도 창을 통해 밖이 보이고 밖과 소통할 수 있게 되었다. 이 시기 프랑스 건축은 고딕에서 르네상스로 넘어가던 전환기로 이 계단은 프랑스 왕실 장인과 이탈리아 건축가 코르토나(Domenico da Cortona)의 합작품일 것으로 추정된다.

이탈리아 고전주의 애호가였던 프랑수아 1세는 이탈리아 침공 때 많은 장인을 프랑스로 데려와서 프랑스 르네상스를 시작한 장본인이었다. 블루아 성은 그 시작이었으며, 이후 다 빈치마저 프랑스로 초청해서 지은 샹보르의 나선형 계단에서 절정을 이루었다. 블루아 나선형 계

5-24, 5-25
블루아 성, 프랑수아 1세 윙 나선형 계단, 1515~1524년

단의 외관을 보면, 꺾이는 지점을 사각기둥 중심의 고전 오더 체계로 처리해서 정리된 느낌이 강하게 드는 점이 이탈리아 르네상스의 대표적 모습이다. 그러나 세부 장식에는 아직 프랑스 고딕 전통이 많이 남아 있다. 계단실 내부도 마찬가지여서 창틀, 엄지기둥, 내벽 등 주요 지점에 고전 오더를 벽기둥으로 덧붙였다. 그러나 천장에는 아직도 후기 고딕의 리브 볼트 장식이 그대로 남아 있다. 5-25

독일에서도 이런 식으로 지어졌는데 토르가우의 하르텐펠스 궁전이 좋은 예이다. 이 궁전의 중앙 계단 탑은 1533년에 크렙스(Konrad Krebs)의 설계로 지어졌는데 지구라트와 바벨탑 모티프를 섞어 개방형에 나선형 캄파닐레로 만들었다. 5-26 양쪽에 곧은 계단이 부착된 기단

5-26
콘라트 크렙스, 토르가우의 하르텐펠스 궁전,
독일, 1533년

위에 나선형 계단이 서 있는데 제목에서 알 수 있듯이 탑 개념으로 처리했다. 이 때문에 계단실에서는 보기 드문 수직 비례를 갖는다. 이 탑은 블루아를 모방한 것인데 당시 작센의 수도였던 토르가우가 프랑스와 정치적으로 친밀한 관계를 유지하고 있었기 때문에 그 영향이 흘러든 것이었다.

개방화는 나선형 계단뿐 아니라 중세 건축 후반부에 공통적으로 나타난 현상이기도 했다. 고딕 시대에 오면 스콜라 철학의 영향으로 교회 건축에서 외벽을 얇게 하고 창 면적을 늘리는 시도가 있었는데 나선형 계단의 개방화도 이것의 일환으로 볼 수 있다. 실내 가득 빛을 받아들여 하나님의 존재를 증명하려는 시도였다. 이는 중세 문명의 중심 기조가 전쟁에서 기독교로 전환된 데 따른 변화였다. 조개껍데기처럼 두껍고 폐쇄적인 성채의 나선형 계단 속에 갇혀 있던 중세인들은 하늘과의 소통을 위해 과감히 벽을 허물고 외부와 소통하기 시작했다. 고딕 성당의 외벽은 로마네스크에 비해 현저히 얇아지고 높아졌으며, 창 면적은 가능한 한 극대화되어 마치 얇은 막을 세워놓은 것처럼 되었다. 성당에 부속된 나선형 계단의 개방화도 함께 일어났는데 스트라스부르 성당의 네 계단실, 프라하 성당과 로트바일 성당의 개방형 계단 탑 등이 좋은 예이다.

| 14 | 르 코르뷔지에의 입맞춤

나선형 계단은 현대 건축에서 가장 많이 애용되는 종류이다. 형태적 조형성과 시각적 자극이 가장 강하기 때문에 조형적 형식성에 치중하는 서양 건축의 전통에서 볼 때 당연한 현상이라 할 수 있다. 이런 전통이 2차 세계 대전 이후 현대 건축에서 다시 부활함에 따라 계단도 이에 맞는 형식인 나선형이 활기를 띤다. 20세기 내에서도 전반부와 후반부에 따라 차이가 컸는데 전반부인 모더니즘 때에는 기능주의가 득세하면서 조형적 형식성이 자제되어 나선형 계단은 드문 편이었다. 그러나 현대 건축에서 나선형 계단의 활성화에 문을 연 것은 모더니즘 건축을 대표하는 르 코르뷔지에(Le Corbusier, 1887~1965년)였다.

나선형 계단을 전유한 르 코르뷔지에 영감

르 코르뷔지에는 나선형 계단이 갖는 형태미학을 정확히 꿰뚫어보고 이를 조각 요소로 적극 활용해서 자신의 건축관의 핵심 요소로 삼았다. 르 코르뷔지에의 이력이나 성향으로 볼 때 당연한 측면이 많았다. 화가 출신으로서 형태적 심미성에 누구보다 민감해서 이를 건축에 끌어들여 사용하는 데 적극적이었기 때문이다. 한마디로 건축 부재를 보기 좋은 조형물로 잘 다듬고 빚어서 '폼 잡는데' 뛰어난 능력을 보였다. 이런 그에게 나선형 계단은 자신의 능력을 발휘하기에 더없이 좋은 건축 요소였다.

르 코르뷔지에는 나선형 계단이 갖는 조형적 독립성이 자신의 건축관인 '사물-요소(objet-element)' 개념에 잘 부합하는 건축 요소로 보고 적극적으로 가져다 썼다. '사물-요소'란 예술 세계를 구성하는 요소를 근대적 세계관에 맞게 각색하는 그만의 방법론으로 그의 회화에 처음 등장한다. 그의 정물화를 보면 병, 잔, 물 단지 등 전통적인 정물화 소재들이 각각의 형상을 유지하는 선에서 가능한 한 단순한 기하 요소로 추상화된다. 이는 구상과 추상 사이의 경계선을 취하겠다는 입장으로 둘의 대립이 심하던 당시 화단에서는 다소 예외적 화풍이었다. 그는 물론 기계문명 시대에 맞는 예술은 추상이라며 구상에는 반대했지만 완전 추상까지 가지는 않았다. 이는 추상에 치우친 중간적 입장으로 볼 수 있는데 '사물-요소'라는 개념이 이를 잘 설명해준다. '사물'은 이 물건이 무엇인지 알 수 있는 최소한의 구상적 잔재를, '요소'는 기계화 시대에 맞춘 표준화를 각각 의미한다.

르 코르뷔지에는 회화에서 제시했던 이런 생각을 건축에도 똑같이 적용해서 건축 부재에 대해서 '사물-요소'에 해당되는 각색을 가했다. 나선형 계단도 대표적 예로, 나선형 계단에 내재된 여러 특징을 감아 올라가는 곡선이라는 기하학적 특징 한 가지로 단순화시켜 사용한다.[5-27] 그는 이런 특징을 기계화 시대에 적합한 건축적 심미성으로 보았다. 이는 단순히 형태에만 집착한 것이 아니었다. 감아 올라간다는 것은 이동을 가장 역동적으로 상징하기 때문에 계단 본연의 기능에 제일

5-27
르 코르뷔지에, 빌라 사보아의 나선형 계단

잘 부합된다. 또한 최대한 단순화시켰기 때문에 축조하는 데 크게 어렵지도 않아서 대량생산 시대의 표준화 개념에서도 벗어나지 않는다.

이렇게 보았을 때 르 코르뷔지에의 나선형 계단은 기능과 심미, 축조와 조형 등 20세기를 대표하는 이항 대립 사항들을 하나로 통합해주는 의미를 갖는다. 이런 과정을 거쳐 그는 나선형 계단을 공간 속에 설치한 조각 요소로 활용했다. 이때 조각 요소라 함은 전통적 의미의 3차원 시각 예술품일 수도 있지만 속뜻은 '사물-요소'의 개념에 의해 현대적으로 정의된 '기능적 예술품'인 것이다. 르 코르뷔지에의 나선형 계단은 그의 대표작인 빌라 사보아(Villa Savoye)에 쓰였다. 그 이전의 작품들에서는 주로 곧은 계단이나 유턴 계단을 사용했다.

르 코르뷔지에의 이런 생각은 20세기 전체를 예견한 다분히 선구적인 것이어서, 모더니즘의 기능주의에서 해방된 2차 세계 대전 이후 현대 건축에서 나선형 계단은 크게 활성화된다. 이는 르 코르뷔지에의 영향으로 볼 수 있다. 르 코르뷔지에의 영향은 '네오 코르뷔지안(Neo-Corbusian)'이라는 명칭으로 양식 사조 차원에서 파악이 되지만 나선형 계단이라는 부재 단위 차원에서도 드러난다. 예를 들어 마이어(Richard Meier)나 쿨하스(Rem Koolhaas) 같은 네오 코르뷔지안 건축가들은 르 코르뷔지에의 나선형 계단을 노골적으로 가져다 쓴다. 마이어는 하이포룩스 뱅크(Hypolux Bank)에서 빌라 사보아의 나선형 계단을 3층 높이로 올려서 상자로 싼 것처럼 처리했다.[5-28]

양식 차원에서 보면 현대 건축이 탈 기능주의를 표방한 자유주의, 예술지상주의, 작가주의, 다원주의 등으로 전개되면서 나선형 계단은 많은 건축가의 관심을 받고 있다. 조형적 악센트 효과가 제일 큰 계단 형식이기 때문에 표피적 시각 효과를 노리기에 좋은 부재이다. 나선형 계단만 잘 써도 비록 깊이 있는 은유적 심미성은 못 얻을지라도 최소한 당장 눈에 보기 좋은 조각물 하나 놓은 정도의 효과는 충분히 낼 수 있다. 이런 이유로 현대 건축을 대표하는 거의 모든 주요 건축가들이 자신들만의 나선형 계단을 최소 한 가지씩은 가지게 되었다.

현대 건축에서 나선형 계단의 사용 양상은 형태성을 살리는 방향이 압도적으로 많으며, 일부 건축가들은 중세 모티프나 관음 요소 같은 다른 주제를 파생시켜 활용한다. 중세 모티프는 나선형 계단 자체보다는 이것을 탄생시킨 중세적 배경에 주안을 두는 것이며 관음 요소도 비슷하다. 나선형 계단에서 느껴지는 대표적 감성을 관음으로 보고 이를 건축 요소로 활용하는 것이다. 형태성에 치중하는 경향은 세부 내용에 따라 S자 곡선, 조각 요소, 기하 구성, 조개껍데기, 구조 디테일 등으로 더 나눌 수 있다. 이상의 여러 내용에 대해서는 아래 현대 편에서 살펴볼 것이다. 여기에서는 S자 곡선과 조각 요소를 중심으로 나선형 계단이 갖는 형태성에 대한 기본적 내용과 이것을 활용한 작품을 살펴보자.

부드러운 S자 곡선을 활용한 현대 건축

나선형 계단의 형태적 특징을 하나만 들라면 '부드러운 S자 곡선'이 될 것이다. 꺾임이 없이 계속 빙글빙글 돌아 올라가야 한다는 매우 특이한 조건이 그 원천이다. 곡선이 제자리에서 맴돌지 않고 점증적으로 위로 올라가야 하기

5-28
리처드 마이어, 하이포룩스 뱅크의 나선형 계단, 룩셈부르크, 1993년

때문에 바닥에 서서 보면 S자 곡선으로 나타난다. 곡선의 양상을 좌우하는 가장 큰 요소는 기울기다. 기울기가 급하면 곡선은 수직선에 가까워지며, 기울기가 약하면 안정적으로 퍼진다. 적당한 중간 상태에서 곡선은 가장 부드러워지며, 기울기가 너무 약해져도 수평선에 가까워지면서 역시 곡선 느낌은 사라진다.

기울기를 결정하는 요소는 물론 챌판의 높이와 폭 사이의 비율이다. 그런데 높이는 오름이라는 기능을 수행하기 위해서는 편차가 클 수가 없기 때문에 결국 곡선을 형태적으로 결정하는 것은 폭이 된다. 치수를 잠깐 보자. 챌판 하나의 높이는 12센티미터에서 15센티미터 사이라고 가정할 수 있다. 사람 한 명이 오를 수 있는 나선형 계단의 최소 지름은 60센티미터이다. 이 경우 윤곽은 거의 수직선에 가까워진다. 1.2미터 정도부터 부드러운 곡선 윤곽이 드러나기 시작해서 3미터정도까지 점진적으로 옆으로 퍼진다.[5-29] 1.8~2.1미터 정도면 곡선이 가장 보기 좋게 만들어진다. 3미터를 넘어서면 완만하게 늘어지면서 나선형 특유의 감기는 맛은 약해진다.

S자 곡선 다음으로 중요한 것은 난간이다. 난간의 크기는 곧 계단 전체의 개폐 정도를 좌우한다. 난간이 커지면 나선형의 감겨 올라가는 양태는 가려지는 대신 난간 자체가 형태 요소가 된다. 이때에는 난간의 두께, 재료, 색채, 마감 상태 등이 그대로 중요한 형태 요소가 된다. 반면 난간을 최소화해서 핸드레일로까지 가늘게 하면 나선형의 감겨 올라가는 양태가 드러나면서 이것이 그대로 형태 요소가 된다. 난간 자체도 S자 곡선을 만들기는 하나 너무 두꺼우면 둔탁해져 S자 곡선 특유의 부드러움과 세련됨은 사라진다. 반면 가느다란 막대기가 감겨 올라가

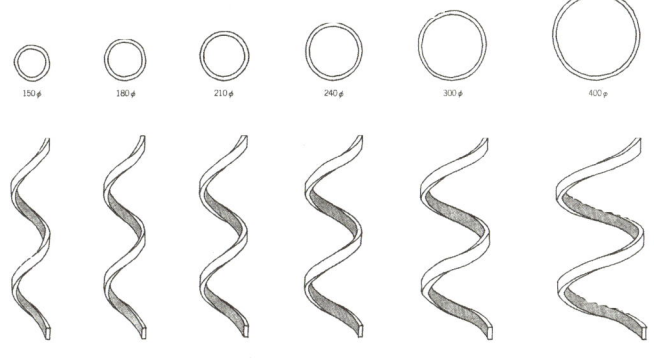

5-29
나선형 계단의 지름과 곡선 형태 사이의 관계

면 S자 곡선 특유의 감칠맛이 살아난다.

    난간이 늘 S자 곡선을 가리기만 하는 것은 아니며 이것은 '면 대 선'이라는 매개의 차이로 볼 수도 있다. 두께를 날렵하게 하고 적절한 높이 내에 머무는 난간은 면에 의한 S자, 즉 S자 곡면을 만들어낸다. 이것이 선에 의한 S자 곡선보다 더 낫다, 못하다를 논하기는 어렵다. 둘다 고유의 매력이 있기 때문이다. 중요한 차이 가운데 하나는, S자 곡면은 특히 매끄러운 흰색으로 칠해질 경우 추상미가 두드러지는 반면 S자 곡선은 부재를 많이 드러내기 때문에 구조미학이나 디테일 미학을 표현하는 데 적합하다.

    발판도 중요하다. S자 곡선이 제일 잘 드러나는 경우는 발판과 챌판이 한 몸으로 붙어서 굵은 곡선을 만들고 여기에 철사처럼 가는 막대기형 핸드레일이 곡선으로 더해지는 경우이다. 이때 난간과 발판을 이어주는 수직 막대기인 난간동자가 없으면 마치 굵고 가는 두 개의 S자

5-30
알렉산더 골린, 러스킨 광장주택, 미국 플로리다 시사이드, 1994년

곡선만 공중에 떠 있는 것처럼 보여서 조형적 효과가 최고가 된다. 많은 경우 챌판 없이 발판만 달아매게 되는데 이때에는 발판이 파편을 뿌려놓은 것처럼 분산적이 되어서 오히려 S자 곡선의 형태성을 방해할 수 있다. 이 경우는 건축적 관건이 발판 자체의 구조 디테일이라는 다른 차원으로 넘어간다.

골린(Alexander Gorlin)의 러스킨 광장주택(Ruskin Place House)과 스튜디오 아케아의 바디스 김나지움(Gymnasium Body's)을 비교해보자. 5-30, 5-31 골린의 나선형 계단은 난간을 두껍게 해서 포인트를 준 전형적 모습으로 살의 미학이 느껴진다. 시선 각도에 따라 발판이 부분적으로 조금씩 보이기는 하나 계단의 주인은 희고 부드러운 면이다. 생성 과정을 찰흙 덩어리를 다듬고 주물럭거려 곡면을 뽑아내는 것에 비유할 만하여 조각적이라 할 수 있다. 덩어리 미학 특유의 친근감과 편안함이 느껴진다.

반면 스튜디오 아케아의 작품에서는 발판과 핸드레일에 주안점을

5-31
스튜디오 아케아, 바디스 김나지움, 이탈리아 피렌체

두었다. 발판과 핸드레일은 함께 작용하는 수가 많은데 이 경우가 그렇다. 난간을 천공 판으로 해서 발판이 완전히 다 드러난다. 발판은 날카로운 삼각형 조각으로 드러난다. 감겨 올라가기 때문에 모습이 조금씩 변하며, 위쪽에서는 발판의 정면과 밑면이 좌우를 반씩 갈라 차지하며 닮고도 다른 모습을 대비시킨다. 살을 다 떼어낸 골조의 미학이다. 여기에 핸드레일의 부드러운 곡선이 중화 작용을 한다. 네다섯 개의 곡선이 각자의 역할에 충실하며 보기 좋게 얽혀 있다. 생성 과정은 개별 부재를 쌓고 덧붙이는 조립식 또는 접합식이다. 이런 점에서 축조적이다. 선 미학 특유의 섬세함과 날카로움이 느껴진다.

S자 곡선의 매력은 빈 공간에 덩그러니 혼자 서 있을 때 제일 잘 드러난다. 조각품을 감상하는 것과 같은 원리다. 나선형 계단이 벽의 일부분으로 부속되어 반만 드러난다거나 하면 그 매력은 크게 훼손된다. 계단 전체의 폭 대 높이 비례로 볼 때 나선형 계단은 곧은 계단이나 유턴 계단 등 직선 계열의 계단보다 실제 조각품에 가까우며, 앞과 같은 강한 형태적 특성 때문에 조각 요소로 느껴지기 쉽다. 옆으로 길게 나타나는 직선 계열의 계단보다 확실히 독립성이 높다. 르 코르뷔지에도 이 점은 간과했다. 그의 나선형 계단은 경사로와 함께 붙어 있어서 완전 조각 요소로 느껴지지는 않는다. 현대 건축가들은 이런 입장을 이어받아 빈 공간 속에 조각물 감상하듯 나선형 계단을 사용한다.

조각 요소로 작용하는 나선형 계단의 장면에서 여러 건축적 이미지가 파생된다. 1층 바닥과 2층을 하나로 이어주는 매끄러운 연속성은 계단 본연의 임무를 곡선 하나로 한 번에 파악하게 해주는 기능미학에 해당된다. 또는 2층 바닥의 일부를 뜯어서 곡선으로 만들어 1층으로 내

5-32
I. M. 페이, 에버슨 박물관, 미국 시라큐스, 1968년

려보낸 것 같은 느낌은 형태미학의 정수이다. 회전 수도 중요한데 한 층 오르는데 두 번 이상 돌면 드라이버가 강한 회전력으로 위층을 뚫고 올라가는 것 같기도 하고 리본이 나풀거리는 것 같기도 하다.

이상을 종합해서 네 개의 나선형 계단을 보자. 페이(I. M. Pei)의 에버슨 박물관 로비 홀에 놓인 예는 지름이 넓어서 완만하고 안정적인 곡선을 만들어낸다.5-32 곡선이 옆으로 퍼지면서 이동 거리가 길어져 한 바퀴만 돌아도 한 층을 올라갈 수 있다. 발판이나 핸드레일이 아닌 난간에 중점을 둔 덩어리 미학인데, 이는 2층 바닥을 주물러 곡선으로 만들어 1층으로 내려트린 것 같은 형태미학과 연관성을 갖는다. 모두 반죽 재료 콘크리트의 특성을 활용한 조각주의이다. 홀은 크지 않으나 계단 주변을 비워 혼자 두었기 때문에 조각 요소로 감상하기에 용이하다.

콘세가(Vazquez Consuega)의 안달루시아 건축회관에 쓰인 예는

5-33
바즈케즈 콘세가, 안달루시아 건축회관, 스페인
세비야, 1988년

위와 반대로 지름이 좁아서 곡선이 급한 수직선으로 나타난다.[5-33] 이동 거리가 짧아지면서 발판 개수가 부족해서 두 바퀴를 돌아야 한 층을 올라간다. 공간 절약형인 대신 드라이버가 2층 천장을 뚫고 올라가는 것 같은 긴장감이 느껴진다. 난간을 큰 면으로 처리했으나 반투명 재료를 사용해서 완전히 면의 미학으로 넘어가지는 않았다. 발판과 핸드레일이 베일을 쓴 것 같은 모습으로 드러나면서 중간적 입장에 머문다.

로치(Kevin Roche)의 미시간 대학교 파워공연센터도 두 바퀴 돌기는 하나 콘세가의 예와는 느낌이 완전히 반대이다.[5-34] 난간을 크게 한 덩어리 미학이면서 비례도 옆으로 퍼진 안정형이기 때문이다. 이 때문에 전체적 느낌은 드라이버가 뚫고 올라가는 것 같은 날카로움이 아

5·34
케빈 로치, 미시간 대학교 파워공연센터,
미국 앤아버, 1965년

니라 리본이 펄럭이는 것 같은 부드러움으로 나타난다. 마치 리듬체조 선수의 손끝에서 벌어지는 리본 율동의 한 장면을 보는 것 같다. 로비 홀 속에 단독으로 서 있어서 조각 요소로 감상하기에 최적의 조건을 갖추었다.

포스터(Norman Foster)의 세인즈버리 시각예술센터 역시 두 바퀴를 도는데 위 두 예의 중간쯤 되는 느낌을 준다.⁵·³⁵ 위의 두 예가 양쪽 극단을 취하면서 탈 건축적 조형성을 추구한 데 반해 포스터의 중간다움은 건축다움으로 귀결된다. 일단 비례가 그렇다. 콘세가의 예가 너무 급하고 로치의 예가 너무 퍼진 데 반해 표준형의 범위에 들어온다. 상식적 건축 부재를 보는 것 같고 이런 점에서 매우 건축적이다. 생성 과

5-35
노먼 포스터, 세인즈버리 시각예술센터, 영국, 1978년

정 역시 '면 대 선'의 이분법 사이에서 고민하기보다는 하나하나의 축조에 충실했다. 발판은 발판대로, 난간은 난간대로, 핸드레일은 핸드레일대로 각자의 임무를 충실히 하고 있으며, 전체적 모습은 이것들 사이의 총합으로 나타난다. 축조성에 충실한 점에서 역시 건축답다. 하이테크 건축가다운 처리다. 빈 공간 속에 혼자 서 있긴 마찬가지인데 조각 요소로서 감상의 대상이 되기보다는 아래층과 위층을 연결하는 이동 요소로서의 계단 본연의 기능에 충실하다. 이런 점에서 역시 건축답다.

6장

예술이 된 계단

—

르네상스

15   인간을 위한 계단이 등장하다

르네상스 때에는 계단의 중요한 발전이 있었다. 나선형 계단에 갇혀 있던 중세의 폐쇄성을 박차고 나온 확장이었다. 무엇보다도 계단의 종류 면에서 르네상스만의 새로운 대표 계단 형식이 등장하는 등 다양해졌다. 개방형 사각 회전 계단, 유턴 계단, 개방 나선형 우물 계단 등 기하주의를 대표하는 세 종류가 새로 등장했다. 곧은 계단은 가장 오래되고 기본적인 형식으로서 주로 기능적 측면에서 길이와 크기를 작게 해서 전천후로 사용되었다. 종류가 다양해지면서 형식과 치수 등을 정리한 기능주의가 함께 정착했다. 아직 근대적 의미의 법규와는 거리가 멀긴 하나 이런 사항에 대해 최초로 정리 작업이 있었으며, 더욱이 이것을 현장에서의 구전이 아니라 이론서 등에 글로 문서화한 점에서 의미가 컸다. 이외에 빌라와 정원 등에서 옥외 계단의 발전이 있었다. 로마 건축의 부활로 볼 수 있는데 내용과 형식 모두에서 로마 때보다 다양하고 풍부해졌다.

작가주의와 형식화

이런 변화의 시대적 배경은 여럿이다. 제일 중요한 요인은 독립 예술가

6-1
피에로 델라 프란체스카 스쿨, 〈이상 도시 전경〉, 1480년경

인 건축가라는 직업이 생기면서 건축가 개인의 창작의 산물, 즉 작품으로 계단이 디자인되기 시작한 점이었다. 문명 차원에서 보면 인본주의의 등장에 따라 인간을 위해 안전과 위생 등을 고려한 결과였다. 건축적으로 보면 로마 부활에 따라 조화와 정형적 질서를 추구하는 고전주의 미학이 중요해지면서 계단도 함께 형식화와 유형화를 거치게 된 결과였다. 피에로 델라 프란체스카 스쿨(Scuola di Piero della Francesca)에서 그린 〈이상 도시 전경(Vedute della Citta Ideale)〉은 르네상스에서 생각하던 계단의 의미를 잘 보여준다. 가지런하게 정리된 계단이 이상 도시를 형성하는 핵심 요소로 기능하고 있다.[6-1] 콜로세움, 콘스탄티누스의 개선아치, 피렌체 세례당 등 고전주의를 대표하는 건물들이 병풍처럼 늘어서서 앞쪽 르네상스 새 건물의 배경을 이루고 있는데, 반듯하게 정리된 계단이 이 모든 건축물을 하나로 감싸며 서로 연계시켜 통일된 도시 공간으로 작동하게 하는 역할을 하고 있다.

팔라초와 고전주의 미학, 개방형 사각 회전 계단과 유턴 계단

르네상스 계단의 출현은 반듯한 독립 계단실의 등장과 함께 시작되었다. 나선형 계단은 현격히 약화된 반면 직선 계열의 계단이 주를 이루었으며, 계단이 건물 전체의 핵심 구성 요소로 등장하는 등 그 비중이 크게 높아졌다. 모두 중세와 대비되는 현상이었다. 이런 변화를 낳은 요인은 둘로 정리할 수 있다. 하나는 건물이 사각형을 중심으로 정형적으로 구성되기 시작한 점이다. 모듈과 비례, 대칭과 축 구성 등 새로운 고전주의 미학이 등장하면서 중세의 비정형 구성은 사라지고 건물은 규칙적으로 정리되었다. 모든 것은 사각형과 십자 축으로 재편되었으며 계단도 마찬가지였다.[6-2]

다른 하나는 대저택이나 궁전에서 제일 중요한 방인 집주인의 집무실이 1층에서 2층 앞쪽 중앙으로 옮겨간 점이다. 중세 때에는 특별한

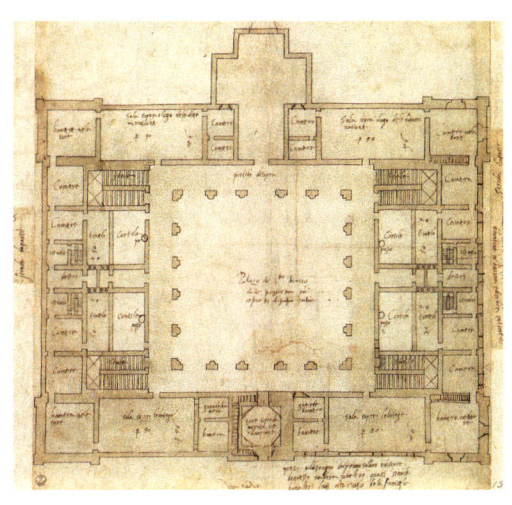

6-2
안토니오 디 펠레그리노가 작성한 브라만테의 팔라초 데이 트리부날리 평면도, 로마

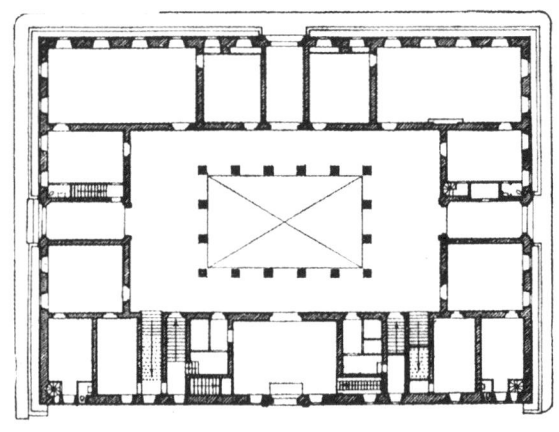

6-3
줄리아노 다 마이아노와 일 크로나카의 공동 작품, 팔라초 스트로치, 1489~1534년

규칙 없이 1층 아무 곳에나 위치했던 데 반해 르네상스에 들어와서는 피아노 노빌레(piano nobile)라는 명칭이 붙으면서 그 위치가 2층 앞쪽 중앙으로 고정된 것이다. 방과 계단은 격이 맞아야 했기 때문에 이곳으로 올라가는 계단도 함께 커지고 제식 형식을 갖추었다. 계단실의 크기는 방 하나와 똑같아졌으며, 위치도 건물 구성이나 동선 모두에서 중요한 자리를 차지했다.[63] 계단이 디자인되기 시작하는 기점으로 이후 르네상스 건축 전반으로 퍼져 나갔다.

  피아노 노빌레의 등장은 팔라초 평면이 정리된 데 따른 현상이었다. 팔라초는 르네상스를 일으키고 이끌어간 이탈리아 각 도시의 금융 가문과 실력자들의 본거지를 뜻하는데 앞과 같은 정형적 질서를 대표하는 건물이었다. 유력 가문의 도심 본거지였기 때문에 외벽은 보안상 폐쇄적으로 처리되었으며, 이에 따라 옥외 활동을 위한 안마당을 가지게 되었다. 안마당을 중심으로 각 기능이 돌아가면서 배치되었고 여기에 비례·대칭·조화·통일감 등 고전주의 미학이 가미되면서 사각형 중심의 규칙적 구성이 자리 잡았다. 계단은 이런 사각형 방 하나를 온전히 차지했다. 개수도 두 개 이상으로 서너 개가 가장 많았다. 계단 형식을 먼저 정한 다음 사각형 공간을 여기에 맞추는 등 계단은 건물 전체 구성에서 당당한 1차 결정 요소가 되었다.

계단이 들어가는 방이 사각형이 되면서 계단 자체도 정리되었다. 사각형 윤곽에 맞는 직선 계열의 계단이 주류로 등장했다. 중세 나선형 계단을 반듯하게 다듬어 편 것으로 볼 수 있다. 곧은 계단, 유턴 계단, 개방형 사각 회전 계단 등 직선 계열을 대표하는 세 종류가 골고루 쓰였는데, 그 중에서 상징성이 가장 높은 것은 개방형 사각 회전 계단이었다. 곧은 계단과 유턴 계단은 너무 평범하고 기능적 목적이 컸기 때문에 새 시대를 상징할 만한 상품성이 부족했다. 고전주의 조화미를 바탕으로 탈 중세를 상징한 것은 개방형 사각 회전 계단이었다.

개방형 사각 회전 계단은 중심에 사각형 빈 공간을 두고 주위 네 변 가운데 두 변 이상을 계단이 돌아 올라가는 형식을 말한다.[6-4] 이것의 출처는 중세 나선형 계단인데 중세 후기에 나타났던 개방화가 더 진행된 것으로 볼 수 있다. 중세 때에는 주로 외벽이 개방되는 데 머물렀는데 르네상스 들어와 계단 중심부를 넓히고 창을 뚫는 발전이 있었다. 엄지기둥을 하나의 공간으로까지 확장한 것인데, 이것을 다시 사각형으로 다듬어 펴면서 르네상스를 대표하는 새로운 계단이 탄생했다.

기능적 고려도 주요 동인이었다. 치수와 채광, 환기 등에서 불리했던 중세 나선형 계단을 인본주의 정신에 따라 개선한 것이 이 계단이

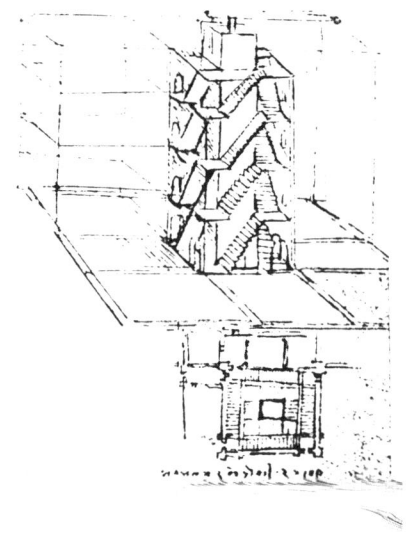

6-4
레오나르도 다 빈치, 개방형 사각 회전 계단 스케치

었다. 계단은 넓고 밝아지면서 새 시대에 맞는 개방적 가치를 그대로 드러냈다. 계단의 목적은 더 이상 칼싸움에 있지 않고 중정형 구성에서 원활한 동선 흐름을 돕는 기능성으로 옮겨 갔다. 이런 기능적 고려 사항에 대해서 별 의식이 없던 중세 나선형 계단을 사각형으로 펴서 규격화한 다음 다시 이것을 표준화 개념으로 쉽게 사용하기 위한 일련의 과정이었다.

현실적 측면에서 보면 유턴 계단이 제일 선호되었다. 개방형 사각 회전 계단은 형식다움에서는 르네상스 정신에 제일 잘 맞았지만 공간을 많이 차지하고 출발점과 도착점의 위치가 많이 어긋나는 등 현실적 적용에 어려움이 컸다. 완결성이 큰 형식인 만큼 그 조건도 까다로웠다. 정사각형에 가까운 비례를 유지해야 했기 때문에 다른 방의 비례를

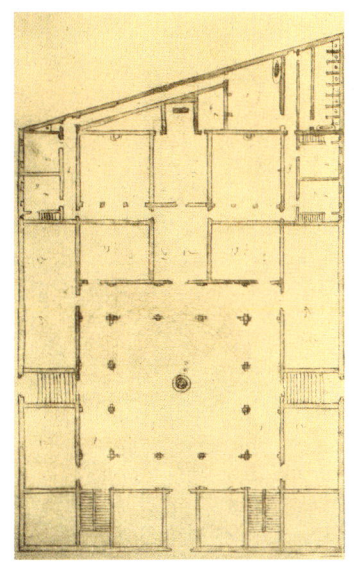

6-5
줄리아노 다 상갈로의 팔라초 스케치

망가트리는 등 평면을 짤 때 부담이 컸고, 도는 횟수와 각 변의 계단 단수에 통일성을 주는 일도 쉽지 않았다. 반면 곧은 계단은 너무 평범하고 단순했다. 인류 최초의 계단이므로 신선함이 부족하기도 했다. 유턴 계단은 이 둘의 중간으로 최소한의 형식을 갖추면서 현실적 적응력과 기능성도 뛰어나 르네상스 정신에서 벗어나지 않았다.[6-5] 이상을 종합하면 르네상스의 대표 계단은 개방형 사각 회전 계단과 유턴 계단이 양분한 것으로 볼 수 있다. 고대의 곧은 계단, 중세의 나선형 계단에 이은 르네상스의 대표 계단이었다.

르네상스 건축가들은 유턴 계단의 장점을 평면 질서 전체의 중심을 잡아주는 기능이라고 생각했다. 직선 계열이 세 계단 가운데 출발점과 도착점의 위치 차이가 제일 적은 계단이었기 때문에 평면 구성에 짜

6-6
샤토브리앙 성채, 프랑스 루아르 계곡, 16세기

임새와 통일성을 주기에 적합했다. 폭과 길이, 계단의 단 수 등 치수 조절에서도 유리해서 사각형 중심의 모듈 구성에 유리했다. 이런 기능성 이외에 공간은 그 자체로 완결적이어야 한다는 르네상스 건축정신과도 잘 맞았다. 이번에는 투시도가 관건이었다. 르네상스 건축에서는 투시도 효과에 의해 시선을 조절하고 한눈에 파악되는 새로운 공간을 추구했는데, 여기에는 곧은 계단이 제일 잘 맞았으나 너무 단순해서 품위가 부족한 한계가 있었다. 유턴 계단은 중간에 분리 벽만 있으면 두 개의 곧은 계단을 독립적으로 병렬해놓은 것으로 볼 수 있기 때문에 투시도 효과를 발휘하기에도 좋았다.[6-6] 이 때문에 유턴 계단에서는 분리 벽이 사라지지 않고 오랫동안 남아 있었다. 분리 벽의 철거는 투시도 효과의 의무에서 자유로운 개방형 사각 회전 계단에서 먼저 시작되었다.

알베르티, 마르티니, 미켈로초

이상의 새로운 발전을 이끈 것은 알베르티, 마르티니, 미켈로초 등 이탈리아 초기 르네상스 건축가들이었다. 알베르티(Leon Battista Alberti, 1404~1472년)는 팔라초에 국한하지 않고 좀 더 포괄적 의미에서 르네상스 때 계단을 처음 정리한 건축가였다. 그는 저서《건축 십서》에서 건물을 구성하는 여섯 요소에 계단을 넣지는 않았지만 책 전반에 걸쳐서 계단에 대해 일정한 언급을 하고 있으며, 특히 제1서(Book I) 13장에서 계단에 대한 자신의 생각을 일정한 분량으로 정리하고 있다. 총론적으로 보면 계단은 특이한 부재로 잘 처리하면 편리하고 디자인에도 도움이 되지만, 잘못 처리하면 건물에 부담을 줄 수 있다는 양면성을 파악했다.

각론으로 들어가서, 이런 이유로 계단은 명확하게 규정된 공간 속에 넣어야 한다고 했는데 그 의미는 양 방향으로 해석할 수 있다. 우선 사선이 나오고 자잘한 부재로 구성되는 계단을 조화로운 질서를 깨는 기피 시설로 보고 별도의 공간에 집어넣어 감추려는 의도이다. 이와 반대로 계단도 공간을 구성하는 요소 가운데 하나로 승격시켜 건물을 구성할 때 처음부터 계단의 위치와 면적을 중요하게 고려하려는 의도이다. 알베르티는 계단을 공간만 잡아먹는 불필요한 것으로 보기도 했지만 일단 계단을 둘 경우에는 일정한 면적을 주고 건축적 처리도 가해서 건물의 품위에 손상이 가지 않도록 하라고 했다. 대표적 예로 볼트와 돔 천장을 장려했는데 이는 총체적 조화와 통일성을 중요시 하는 고전주의 미학에 의해 계단에 독립적 중요성과 존재 이유를 주는 선언으로 볼 수 있다. 멀리 보면 바로크 때 대 계단까지 이어지는 선구적 주장이었다. 기능적 고려에 대해서도 중요한 언급을 했다. 채광을 위해 창을 두어야 하며 참은 일곱에서 아홉 단마다 두라고 했다. 이 숫자는 태양계의 행성 숫자에서 가져온 것이라는 것이 통설이지만 인체의 피로를 고려한 기능적 결정으로 볼 수도 있다.

알베르티는 계단이 등장하는 도면도 몇 장 남겼다. 고전 오더를 이용한 나선형 탑 평면 다섯 장, 도심 시장 평면 한 장, 대중 운동시설 평면 한 장 등인데 그의 주장을 잘 뒷받침하고 있다. 나선형 탑에는 당연히 나선형 계단이 들어가는데 중세 때 연속 계단과 달리 기본방위에 맞춰 끊어 십자축 대칭 구도를 만들었다. 일부 예에서는 45도 각도의 사선 방향으로 대칭축을 두 개 더 만들어서 방사선 구도로 발전시켰다.[6-7] 이 경우 계단의 출발점과 오름 방향, 도착점 등을 표시하지는 않

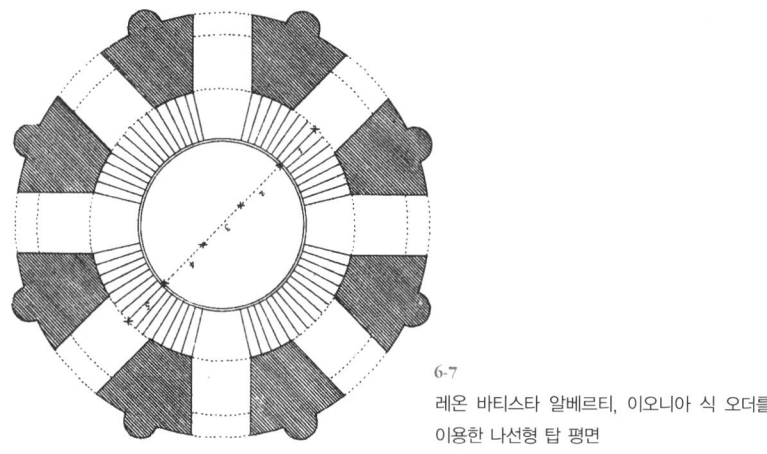

6-7
레온 바티스타 알베르티, 이오니아 식 오더를
이용한 나선형 탑 평면

았지만 두 방향으로 동시에 오름 출발이 일어나는 것은 확실해서 이후 다 빈치의 교차 계단으로 발전할 수 있는 단서를 제공한 것으로 볼 수 있다. 또한 엄지기둥을 하나의 공간으로 만들었는데 이는 채광과 환기 등 위생을 위한 것인 동시에 앞의 십자축 대칭을 돕는 처리로 르네상스 나선형 계단을 제시한 것으로 볼 수 있다. 이후 다 빈치와 브라만테 등이 이를 이어받아 르네상스 나선형 계단을 하나의 유형으로 정착시키게 된다. 확장하면 개방형 사각 회전 계단으로 가는 첫걸음으로 볼 수도 있다. 도심 시장에서는 직사각형 건물의 네 귀퉁이를 계단실로 할당한 뒤 개방형 사각 회전 계단을 할당했다. 중정형 사각 모듈 구성의 기본 구성을 잡고 개방형 사각 회전 계단을 집어넣은 점에서 팔라초의 선례로서 의미를 갖는다.6-8

마르티니(Francesco di Giorgio Martini, 1439년경~1501년)는 중앙 집중형 주택 구성을 보여주는 여러 장의 스케치를 남겼으며, 우르비노

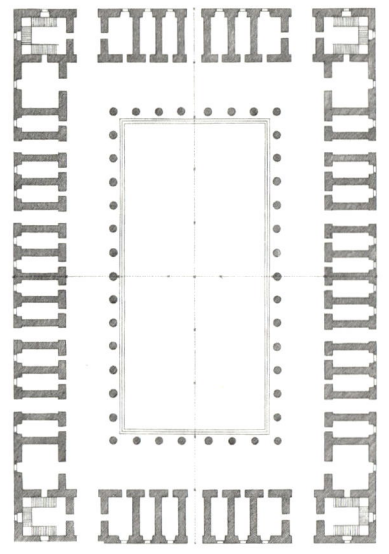
6-8
레온 바티스타 알베르티, 도심 시장 평면

총독궁에 실제로 적용해서 작품으로 남겼다. 알베르티를 이어받아 다빈치로 연결시켜준 인물인 마르티니는 스케치의 양과 내용 모두에서 초창기 팔라초 구성이 정착하는 데 중요한 역할을 했다. 그는 안마당을 중심으로 갖는 격자 구성의 다양한 예를 보여주는데 여기에서 계단은 핵심적 역할을 하고 있다. "계단은 평면에 걸림돌이다."라며 구석으로 몰았던 알베르티와 다른 모습이다.

　마르티니의 스케치에서 계단은 중요한 위치에 배치된다. 하나같이 출입구, 중앙 안마당, 피아노 노빌레 등 건물의 중심 공간을 형성하는 주체로 작동한다. 적절한 크기를 유지하지만 일부에서는 안마당에 버금가는 큰 공간을 차지하기도 한다. 형식도 르네상스 3대 계단을 모두 다양하게 활용한다.[6-9] 수직 이동이 건물 전체 구성에서 중요하게 여

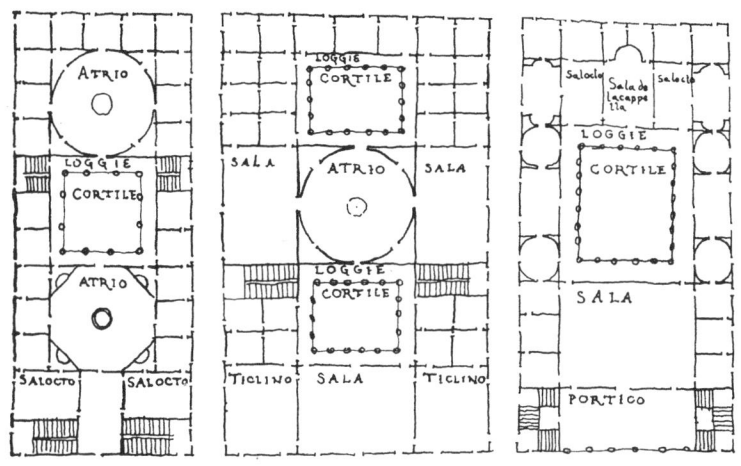

6-9
프란체스코 디 조르조 마르티니, 총독궁 스케치

겨지면서 단순한 기능적 처리가 아니라 공간 감상을 주도한다. 직각 꺾인 계단이 양쪽으로 갈라져 올라가는 등의 웅장한 처리도 등장하면서 정적인 질서에 역동성의 파격을 주어 건물 전체에 형식다움을 부여한다. 이처럼 마르티니의 드로잉은 다양하면서도 간결한 통일성을 보여주는데, 이는 그만의 독특한 능력인 동시에 군사건축 전문가였던 그의 이력에서 기인하기도 한다.

미켈로초(Michelozzo di Bartolommeo, 1396~1472년)는 메디치 가의 본거지인 피렌체의 팔라초 메디치를 설계한 건축가로 초기 르네상스의 팔라초 평면 구성을 완성시킨 장본인이었다. 그는 알베르티의 이론과 마르티니의 스케치를 실제 건물에 접목시켜 정착시키는 공헌을 했다. 메디치 가는 중세부터 여러 저택을 가지고 있었다. 무젤로의 메

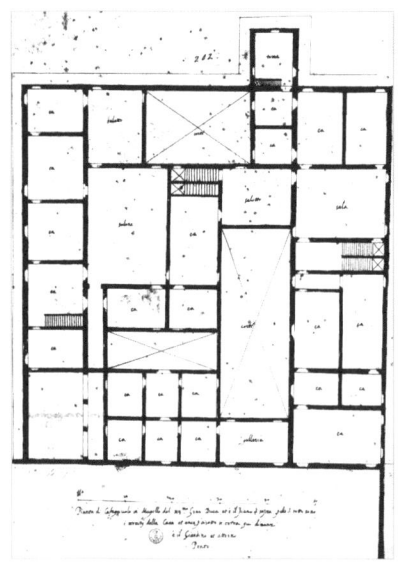

6-10
무젤로의 메디치 가 카파졸로 주택

디치 가 카파졸로 주택(Residenza medicea Cafaggiolo in Mugello)이 좋은 예로 일반적인 중세 주택들보다는 많이 정리된 구성이었지만 아직 축이나 대칭 등은 나타나지 않았다.6-10 사각형 방들이 x-y축을 따라 배열되면서 이 가운데 몇 개를 계단으로 할당하는 구성이었다. 메디치 가의 전속 건축가였던 미켈로초는 일찍부터 이런 중세 주택들에도 간여하면서 팔라초 구성에 대해 고민할 기회를 갖다가 드디어 메디치 가의 본거지인 팔라초 메디치를 대표작으로 남겼다.

　　팔라초 메디치(Palazzo Medici)는 메디치 가의 중세 주택들을 좀 더 정리해서 안마당을 중심으로 각각의 방이 돌아가면서 배치되는 구성이었다. 아직 대칭과 모듈 등은 나타나지 않았으나 동선과 방 배치 등에서 규칙성과 질서를 확보한 발전이 있었다. 계단은 이 가운데 두

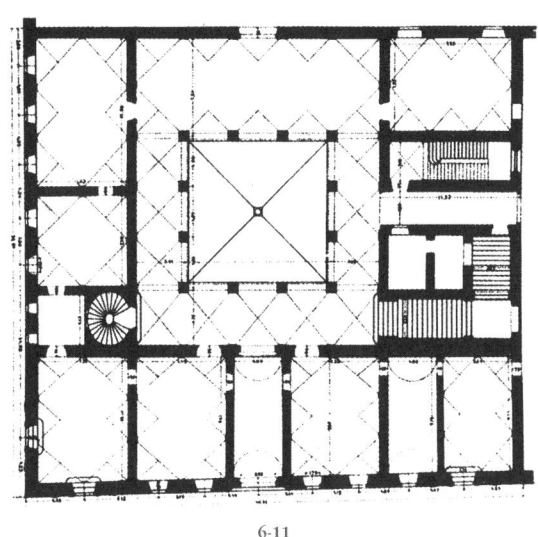
6-11
미켈로초 디 바르톨로메오, 팔라초 메디치, 이탈리아 피렌체, 1444~1459년

개의 방을 차지하는데 하나는 유턴 계단이고, 다른 하나는 개방형 사각회전 계단이었다.[6-11] 이는 곧 르네상스 팔라초의 표준형이 되었다. 르네상스의 문을 연 대표 가문의 본거지답게 큰 규모와 화려한 실내장식을 자랑하며 도나텔로로 대표되는 많은 예술가의 작품을 소장하였다. 57×67미터의 크기인데 교황 피우스 2세는 이곳을 방문하고선 왕에게나 어울릴 만한 건물이라며 질투를 느꼈다. 계단은 57미터 변의 절반 이상을 차지하며 평면 구성에서 핵심적 위치를 점하고 있다. 계단은 방문객의 지위를 구별하는 기능도 가졌다. 집주인은 평민 방문객을 1층 출입구에서 맞았지만 실력자들은 이곳 계단을 올라 2층 입구에서 맞았다.

프랑스의 초기 르네상스는 이탈리아와 조금 다른 면을 보여준다.

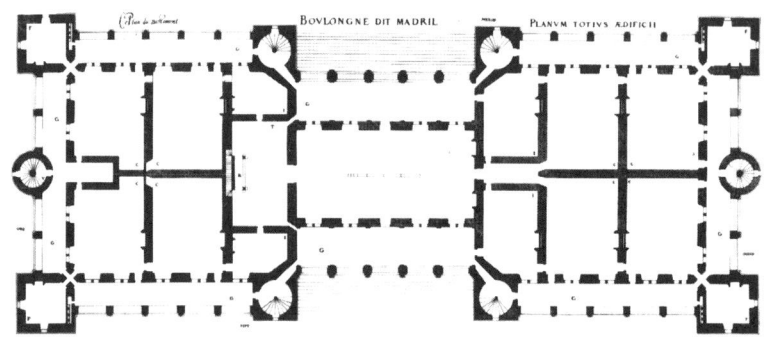

6-12
불로뉴 성채, 프랑스 루아르 계곡, 1528년

프랑스 르네상스는 이탈리아 르네상스를 받아들이며 시작되었기 때문에 이탈리아만큼 전격적이지 못하고 중세 전통과 많이 섞여 나타났다. 이 과정에서 이탈리아 르네상스의 사각형 모듈 구성과 중세 나선형 계단이 혼재되는 예가 많았는데 성채가 특히 그랬다. 불로뉴 성채(Chateau de boulogne)는 직선 계단이 옥외 출입구에만 나타나고 실내에는 여전히 작은 나선형 계단이 주요 수직 교통 공간으로 쓰이고 있다. 사각형 모듈 구성도 아직 이탈리아 팔라초와는 거리가 있다.[6-12] 시간이 흘러 16세기 중반의 카르나발레 호텔(Hotel Carnavalet, 1540년대 후반 시작)에 오면 중정형 모듈 구성의 틀이 잡히고 큰 방 하나를 개방형 사각 회전 계단에 할당하는 등 르네상스 팔라초의 표준형에 가까워지지만 아직도 중세의 잔재가 남아 있다. 나머지 계단들이 여전히 중세 때의 폐쇄적 나선형 계단으로 남아 있으며, 방 가운데 일부도 중세 때의 비정형 기하 형태를 유지하고 있다.

| 16

독립된 건축물로
계단을 사유한 다 빈치

건축가라는 전문 직업이 등장하면서 르네상스 건축가들은 저마다 계단에 대해서 자신들의 생각과 작품을 발표했다. 팔라초에서 건물 전체의 구성 요소로서 계단 형식이 정착된 것과 별개로 계단 자체에 대한 작가주의다운 접근이 있었는데 다 빈치(Leonardo da Vinci, 1452~1519년)와 브라만테(Donato Bramante, 1444~1514년)가 대표적 예였다. 이후 안토니오 다 상갈로, 라파엘로, 미켈란젤로, 바사리, 팔라디오, 스카모치, 비뇰라 등으로 이어지면서 르네상스의 주요 건축가들은 자신들만의 계단 다루는 기법이 있었다. 모두 자신들의 작품에서 어떤 형식으로든지 계단을 매우 중요한 요소로 다루면서 하나의 작품으로 접근했다.

나선형 기하주의

다 빈치와 브라만테의 계단 작품은 나선형 기하주의로 요약할 수 있다. 중세 때의 개방 나선형 계단을 사각 회전 계단으로 다듬지 않고 나선형을 그대로 유지하면서 강한 형태성을 기하주의로 활용했다. 이들은 나선형 계단을 굳이 사각 회전 계단으로 바꾸지 않더라도 안 좋은 부분을 고치기만 하면 조형과 기능 양면 모두에서 장점이 많은 것으로 보면서

6-13
도나토 브라만테, 바티칸 벨베데레 안마당 내 조각마당 나선형 탑, 1505년. 중앙 우물에서 위를 올려다본 모습

6-14
도나토 브라만테, 바티칸 벨베데레 안마당 내 조각마당 나선형 탑, 1505년. 작가 미상 스케치, 1550년경

중세 선례를 발전시켜 개방 나선형 우물 계단으로 정착시켰다. 이는 중앙의 엄지기둥이 우물처럼 커지면서 나선형 전체가 따라 커지는 형식이었다. 이 때문에 나선형의 기하 형태를 강조해서 사용하기에 유리했다. 중앙 우물에 들어가서 위를 올려다보면 이제야 비로소 나선형 계단의 트레이드마크라 할 수 있는 빙글빙글 도는 조개껍데기 모양을 볼 수 있게 되었다.6-13, 6-14 중세 나선형 계단은 중앙 우물이 없이 엄지기둥만 있었기 때문에 이것이 불가능했다.

중앙에 우물 공간을 가지면서 채광과 환기, 치수 등 기능도 개선되었다. 르네상스 인본주의라는 새 시대에 맞게 인간을 위한 기능적 고려는 지키면서 작가주의의 조형성도 함께 추구할 수 있었다. 이 형식은 기본적으로 중세 나선형 계단의 연속이지만 차이도 컸다. 중세 후반에 시작된 개방화가 주로 외벽에 머문 데 반해 브라만테와 다 빈치는 중심 공간과 외벽 모두를 열었다. 또한 정밀한 작도법도 찾아내 기하주의로 정착시켰다.6-15 이처럼 양 방향이 모두 개방되면서 르네상스의 나선형 계단인 개방 나선형 우물 계단이 탄생했다.

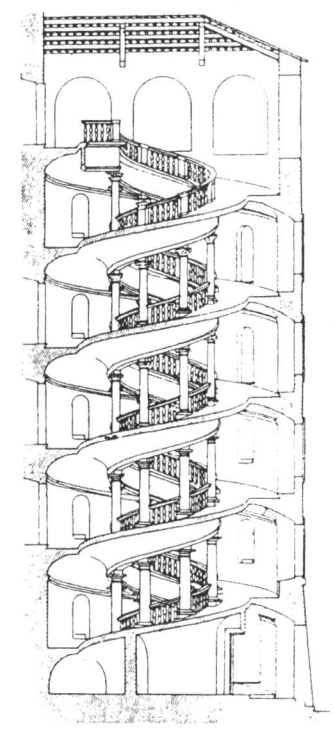

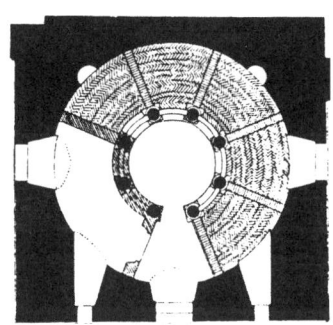

6-15
도나토 브라만테, 바티칸 벨베데레 안마당 내 조각마당 나선형 탑, 1505년. 단면도와 평면도

6-16
도나토 브라만테, 바티칸 벨베데레 안마당 내 조각마당 나선형 탑, 1505년. 중앙 우물 위에서 내려다본 모습

6-17
아기오스 페트로스 탑, 그리스

개방성은 탈 중세를 상징했다. 벽이 제거되면서 나선형 계단의 기하학적 특징이 더욱 선명하게 드러났다. 이는 중세 나선형 계단에 있었던 조각 요소의 특징이 더 드러나면서 강조된 것인데, 예술가 개인의 창작과 작품성을 중요하게 여기던 르네상스 시대정신에 부합되는 현상이었다. 새로운 공간 효과도 나타났다. 외벽의 개방은 수평 확장을, 중앙 우물 공간의 확장은 수직 확장을 각각 가져왔다. 시선은 수직-수평 양 방향으로 막힘없이 뻗어 나갔다. 나선형 계단 전체가 한 시야 안에 들어오면서 빙글빙글 돌아 올라가는 여정의 체험 강도가 높아졌다.6-16 개방이 가져온 이런 효과는 새 시대의 긍지를 상징하는 것으로 받아들여졌다.

이 유형은 르네상스 이전에도 있었다. 바사리(Giorgio Vasari, 1511~1574년)는 13세기 중반 니콜로 피사노가 세운 산 니콜라 캄파닐레(Campanile of San Niccola)를 예로 들었다. 그러나 최초의 예는 이보다 훨씬 앞선 것이어서 그리스의 아기오스 페트로스 탑(Tower at Aghios Petros)까지 거슬러 올라갈 수 있다. 이 탑은 완전한 개방 나선형 우물 계단은 아니었지만 발판을 거는 내벽과 외벽 없이 캔틸레버만으로 계단

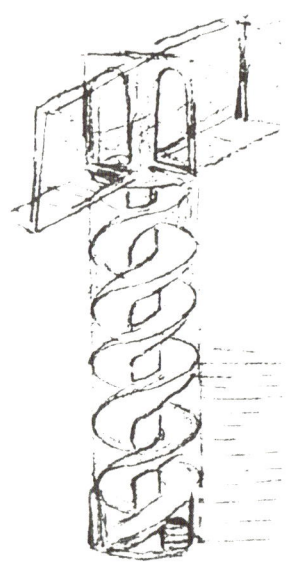

6-18
레오나르도 다 빈치, 이중 나선형 계단 스케치

을 쌓아 일정한 개방성을 확보한 점에서 중요한 선례가 될 수 있다.6-17 이런 기록 차원에서의 최초와 별도로 이 유형을 르네상스의 나선형 계단으로 정착시킨 선구자는 다 빈치와 브라만테였다.

다 빈치는 계단을 독립적 존재로 보고 최초로 작품다운 고민을 시작한 건축가였다. 그는 몇 장의 계단 스케치를 남겼는데 이 가운데 특히 중요한 것은 세 장의 교차 계단(interlocking flights)이다. 이것은 말 그대로 한 계단 안에 발판을 두 개 만들어 넣어 출발점과 도착점을 서로 다르게 해서 교차하게 만든 형식이었다. 그는 이 방식을 곧은 계단, 개방형 사각 회전 계단, 개방 나선형 우물 계단에 각각 적용한 세 장의 스케치를 남겼다.6-4, 6-18 다빈치답게 통상적 나선형 계단으로는 만족을 못하고 두 장을 엇갈리게 겹칠 생각을 한 것이었다. 이 가운데 개방 나선형 우물 계단에 적용시킨 것은 독특한 기하학적 형태성과 뛰어난 기능을 모두 만족시키는 특이한 형식이었다. 형태성은 말할 필요도 없이 빙글빙글 도는 나선형이 두 개나 쓰이면서 나타나는 회전력이다. 마치 땅을 파는 굴착기 같은 강한 역동적 추진력을 느끼게 해준다.

  기능은 집주인과 하인의 동선이 서로 마주치지 않게 하기 위한 것이었다. 왕궁에 적용할 경우에는 왕의 동선과 신하의 동선을 분리시키려는 목적을 가졌다. 두 개의 동선을 하나의 계단실 안에 동시에 집어넣기 때문에 따로 두는 것보다 공간 절약에서도 유리했다. 다분히 계급 차별적 발상인데 당시로서는 자연스러운 것이었을 수 있다. 실제로 다 빈치는 이 스케치를 1482~1499년 사이의 밀라노기 때 밀라노의 지도자 루도비코 스포르차를 위해 남긴 것으로 추정된다.

이중 나선형 계단을 완성하다

이 가운데 개방 나선형 우물 계단은 '이중 나선형 계단(double helix)'이라는 별명으로도 불린다. 그러나 이 유형이 온전히 다 빈치의 발명품은 아니었다. 여러 선례에 대한 기록이 있는데 이미 908년에 바그다드의 수크 알-가시(Suq al-Ghash)라는 건물에 이 계단이 쓰였다는 기록이 있다. 다 빈치와 동시대의 예로는 1500년에 그라츠 성(Schloss Graz)에 지어진 것으로 이 유형과는 조금 다르지만 한 계단 안에 두 개의 나선형 발판이 교차하면서 공존하는 것은 틀림없다.[6-19] 안토니오 다 상갈로는 이 유형을 오르비에토에 세운 교황 클레멘스 7세를 위한 시설 가운데 우물에 사용했다. 물을 나르는 동물들이 내려오고 올라오는 교행을 가능하게 하기 위해서였으니 본래 목적에 잘 부합하는 사용이었다.

  다 빈치는 자신의 이름으로 직접 작품을 남긴 것은 없으나 프랑스

6-19
그라츠 성채 내 이중 나선형 계단

초기 르네상스의 많은 예가 그의 영향을 받은 것으로 알려져 있다. 이런 영향관계에 대해서는 정확한 기록이 남아 있지 않은데 프랑수아 1세의 다 빈치 사랑, 연대기적 정황, 건축적 유사성 등을 종합하면 다 빈치의 영향이 결정적이었다는 것이 통설이다. 앞에서 살펴본 블루아 성의 프랑수아 1세 윙은 그 출발점이었다.[5-24, 5-25] 이 계단은 심지어 다 빈치의 작품일 거라는 주장까지도 있는데, 그 근거는 이 계단이 지어질 당시 다 빈치가 이곳에서 불과 36킬로미터밖에 떨어지지 않은 클로 뤼세라는 곳에 체류했고, 실제로 다 빈치가 프랑수아 1세에 의해 블루아 공사에 고용되었으며, 다 빈치 스케치와 유사하고, 다 빈치가 글로 남긴 계단에 대한 기록과 유사하다는 것 등이다.

이 가운데 글로 남긴 기록이 재미있는데, 다 빈치는 건물 외부로 나가는 계단은 나선형으로 할 것을 권한다. 바로 이 계단에 해당되는 내용이다. 그 이유에 대한 설명이 조금 실망스러운데, 사각형 건물에 돌출된 계단은 나선형으로 둥글려야 불편함이 없기 때문이라고 했다. 다 빈치는 엄밀한 이론가가 아니었기 때문에 이 이상 이론적 설명은 힘들었을 것으로 보인다. 아무튼 이 계단은 중심 쪽 우물은 아직 닫혀 있고 외벽만 열려서 시선이 밖으로 향하는데 이것 역시 외부로 나가는 계단에 적합한 처리다. 중심 쪽 우물이 아직 닫혀 있는 점과 물결치는 듯한 S자 형태로 처리한 점 등은 중세의 잔재인데, 거꾸로 이 계단이 다 빈치의 작품은 아닐 것이라는 주장을 뒷받침하는 증거이다.

샹보르 성 중앙의 실내 나선형 계단은 다 빈치의 이중 나선형 계단을 적용한 대표적인 예이다. 다 빈치가 이 계단에 어느 정도 간여했는지는 명확하지 않으나 현장에서 실제 공사에 상당 부분 참여한 정도

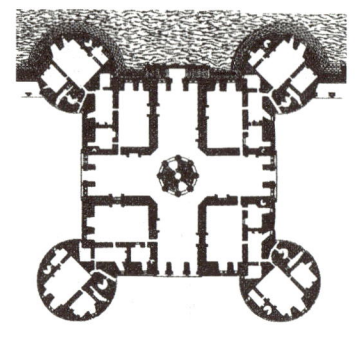

6-20
도메니코 다 코르토나 앤 레오나르도 다 빈치, 샹보르 내성 평면도, 프랑스 루아르 계곡, 1519~

는 되었을 것이라는 것이 통설이다. 특히 다 빈치가 샹보르에 초청되어 와서 성의 첫 번째 계획안을 제출한 바 있으며, 1516~1519년의 마지막 3년을 이곳에서 보내다가 근처 앙부아즈에서 사망했는데, 1519년은 이 계단의 공사가 시작되던 해였기 때문에 그가 계단의 큰 방향을 정해 주고 사망한 것으로 추정해볼 수 있다.

이 성은 프랑수아 1세가 이탈리아 원정의 성공을 자축하기 위해 지은 것인데 완공은 앙리 2세 때인 1550년경에 이루어졌다. 건물 전체는 아직 중세적 특징이 지배한다. 큰 사각형 윤곽 속에 작은 사각형을 넣은 이중 성채이다. 나선형 계단은 내성에 해당되는 안쪽 정사각형 블록의 정중앙에 자리한다. 한 변이 67미터인 내성은 십자가 형태의 복도로 4등분되는데, 나선형 계단은 십자가의 정중앙에 위치하면서 평면부터 자신의 존재를 두드러지게 드러낸다.6-20 나선형 계단이 르네상스 때에도 계속 쓰이긴 했지만 주인 자리를 직선 계열의 계단에 내주고 가능한 한 작게 해서 보조 계단으로 전락한 것과 반대되는 구성이다. 지름은 10여 미터이지만 건물 전체의 핵으로 작용한다.

6-21
도메니코 다 코르토나 앤 레오나르도 다 빈치, 샹보르 성 지붕 외관, 프랑스 루아르 계곡, 1519~

6-22
도메니코 다 코르토나 앤 레오나르도 다 빈치, 샹보르 성 실내 이중 나선형 계단, 프랑스 루아르 계곡, 1519~

　강조는 수직적으로 더 확연한데 42미터의 높이를 올라 지붕 위까지 돌출한다. 입면에서 보면 중앙의 가장 높은 랜턴이 이 부분이다. 건물 전체적으로 수많은 탑과 경사 지붕과 랜턴이 복잡하게 어우러진 전형적인 프랑스 중세의 성채 모습인데 이 가운데 최고봉을 나선형 계단이 차지하고 있다.[6-21] 천장에서 빛이 떨어져 42미터 높이의 우물 같은 계단실을 밝게 비추어 위생에서 신경을 썼다. 계단 자체는 다 빈치의 이중 나선형 계단으로 서비스용 2차 계단이 1차 계단 속 위쪽에 위치하

6-23
도메니코 다 코르토나 앤 레오나르도 다 빈치, 샹보르 성 북동쪽 프랑수아 1세 윙 옥외 나선형 계단, 프랑스 루아르 계곡, 1519~

6-24
도나토 브라만테, 바티칸 벨베데레 안마당 내 조각마당 나선형 탑, 1505년

는 형식이다.⁶⁻²² 샹보르에는 이곳 이외에 옥외 나선형 계단이 하나 더 있다. 외성의 오른쪽 위, 즉 북동쪽 모서리로 프랑수아 1세의 침실이 위치하는 윙이다. 이 계단은 블루아 성의 것을 좀 작게 해서 더 수직적으로 만든 단겹 나선형 계단으로 아직 중세 모습을 보여준다.⁶⁻²³

브라만테, 바티칸 벨베데레 안마당과 15세기 피렌체 빌라

브라만테는 바티칸의 벨베데레 안마당(Cortile del Belvedere) 내 조각마당 탑에 나선형 계단을 남겼다. 이 계단은 단겹인 대신 안팎으로 모두 열린 르네상스 개방 나선형 우물 계단의 표준형이다. 부드러운 곡선과 밝은 채광의 두 가지 장점을 동시에 살려냈다. 특히 안쪽 우물 쪽 개방에는 고전 오더를 써서 르네상스다움을 명확히 했다.⁶⁻²⁴ 오더는 아래쪽은 둔탁한 투스칸 식과 도리스 식으로 처리했고, 위로 올라가면서 여성적인 이오니아 식과 코린트 식으로 대체했다. 이는 콜로세움의 로마 고전주의를 적용한 것이다. 구조를 오더 열이 전담하고 나머지는 모두 열

어 개방성을 극대화했다. 경사를 완만하게 해서 바닥은 발판이 아닌 경사로로 처리해서 곡선 효과를 높였다. 기둥 사이로 시원하게 뚫린 공간을 통해 나선형 곡선의 전모가 한눈에 들어오면서 르네상스다움은 확실한 증거를 남겼다. 브라만테는 이 계단을 '달팽이(lumaca)'라는 별명으로 불렀다.

브라만테는 벨베데레 안마당에 옥외 계단도 남겼다. 안마당은 교황 니콜라스 5세의 궁전(바티칸 궁)과 교황 이노센트 8세의 빌라(여름별장)를 연결하는 중앙의 큰 마당이었다. 교황청에서는 로마 식으로 설계할 것을 주문했는데 브라만테는 이를 잘 만족시키면서 안마당을 채우는 내용물과 계단 기법, 투시도 효과의 활용 등 여러 면에서 르네상스 정원의 전형을 선보였다. 안마당은 320×75미터의 매우 긴 직사각형인데 아랫마당 – 계단 영역(중간 마당) – 윗마당 – 엑세드라(exedra : 마당에 별도의 처리를 가해 만드는 인공 영역으로 로마 극장을 소품화한 원형이나 사각형 계단과 벤치 등을 갖춘다)와 조각마당의 네 구역으로 이루어졌다.6-25 출입구를 통과하면 처음 들어오는 곳이 150미터 길이의 아랫마당이며, 이곳을 지나 60미터 길이의 계단 영역을 오르게 된다. 제일 먼저 20여 미터의 곧은 계단을 오르면 중간 마당이 나오고 다시 지그재그 계단을 올라 윗마당에 도달한다. 이곳을 지나면 오목–볼록 계단을 거쳐 마지막으로 조각마당에 도착한다.

여기에는 세 종류의 계단이 쓰이고 있는데 모두 로마를 선례로 삼아 각자의 건축적 효과를 내고 있다. 곧은 계단은 로마 신전 기단에 쓰인 계단을 가져온 것으로 강한 형식다움을 준다. 지그재그 계단은 유턴 계단을 좌우 대칭으로 두는 형식인데 포르투나 프리미제니아 신전의

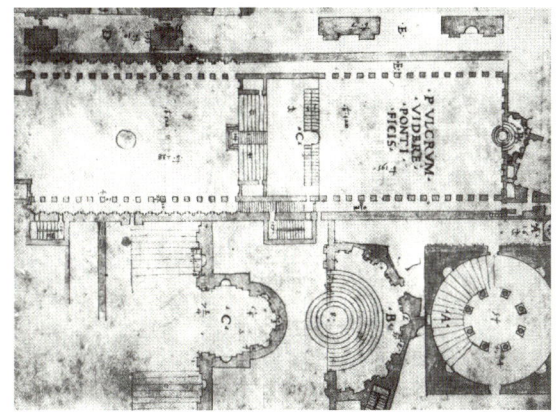

6-25
도나토 브라만테, 바티칸
벨베데레 안마당, 1505년

연속 공간 효과를 가져온 것이다. 지그재그 계단을 오르는 벽에는 로마 개선아치 모티프를 활용한 벽감을 설치해서 장경주의 효과도 함께 노린다.6-26 오목-볼록 계단은 엑세드라를 이루는데 볼록하게 돌출한 반원형 계단을 오르면 안으로 오목하게 파인 반원형 계단이 연달아 나온다. 로마 극장을 응용한 장경주의이다.

  브라만테는 안마당을 이상의 여러 건축 장치로 채워진 인공낙원으로 정의했다. 장치들의 위치는 임의로 정해진 것이 아니라 투시도 효과에 맞춰 계산되었다. 아랫마당 중앙의 분수 앞에 서면 곧은 계단-개선아치 벽감-엑세드라가 일직선으로 놓이면서 강한 일직선 원근 효과를 낸다. 네 영역은 긴 일직선 공간을 중간에 적절히 분할해서 인공적 입체감을 높여준다. 좌우 벽의 에워쌈은 분할된 공간에 안정적 비례 느낌을 준다. 투시도를 활용한 이런 처리는 로마다운 세계관을 이어받아 르네상스의 새로운 공간 개념으로 재정리한 것인데 계단이 핵심적 역

6-26
도나토 브라만테, 바티칸 벨베데레 안마당, 1505년. 페린 델 바가의 그림

할을 하고 있다.

　브라만테의 안마당은 인공적 질서를 추구하는 르네상스 세계관을 잘 반영한 것으로 이후 옥외 계단이 활성화되는 출발점이 되었다. 옥외 계단은 빌라와 정원 두 곳에 주로 쓰였다. 빌라는 로마 시대 때부터 애용되던 상류층의 교외 별장인데 중세 때 침체되었다가 르네상스 실력자들이 선호하며 부활시켰다. 르네상스 빌라는 이미 15세기 말이면 피렌체에서 독자적 건축 형식을 갖추며, 이후 16세기 중반경 베네치아 일대에서 절정에 이른다. 피렌체 빌라를 완성시킨 건축가는 줄리아노 다 상갈로(Giuliano da Sangallo, 1445~1516년)였고, 베네치아 빌라를 대표하는 건축가는 팔라디오였다. 두 빌라 모두에서 계단은 핵심적 위치를 차지했다. 팔라디오에 대해서는 아래에서 살펴볼 것이고 여기에서는 피렌체 빌라를 살펴보자.

　15세기 피렌체 빌라를 이끈 것 역시 팔라초와 마찬가지로 금융가

6 27
주스토 우텐스, 프라톨리노의 빌라 메디치, 1599년

문 등 실력자들이었는데, 특히 메디치 가가 중요한 역할을 했다. 메디치 가는 토스카나 일대 여러 곳에 빌라 메디치를 지으면서 르네상스의 새로운 시대정신을 반영한 15세기 피렌체 빌라의 전형을 완성시켰다. 우텐스(Giusto Utens)가 그린 프라톨리노의 빌라 메디치는 피렌체 빌라의 전형적 구성을 보여준다.[6-27] 넓은 정원을 거느리며 빌라는 정원 제일 위쪽 중앙에 위치한다. 정원은 기하주의 같은 인공 처리는 가급적 피하며 자연을 있는 그대로 담는 것을 기본 원칙으로 하나 중간에 인공

6-28
줄리아노 다 상갈로, 포조 아 카이아노의 빌라 메디치, 이탈리아, 1480~1497년

폭포, 계단 길, 연못 같은 인공 요소도 일정 부분 가미한다. 주축은 강하게 드러내며 동선을 위한 최소한의 직선 길은 내되 바둑판 구성은 피한다. 빌라는 타원형 옥외 계단이 부착된 높은 기단 위에 서서 정원의 중심지로 기능한다. 이상의 내용은 로마 시대 때 파라다이스 개념을 르네상스에 맞게 응용하여 정리한 것이다.

메디치 가는 로마, 라 페트라이아, 포조 아 카이아노 등에도 빌라 메디치를 지었는데 포조 아 카이아노 것이 줄리아노 다 상갈로 작품으로 15세기 피렌체 빌라의 전형을 보여준다. 빌라는 지역과 시대에 따라 지어진 목적이 달랐는데 15세기 피렌체 빌라는 유력 가문의 교외 휴양지이자 문화 예술 활동처가 주 목적이었다. 로마 시대 때 선례를 가져와서 이 목적에 맞게 응용했다. 본체는 로마 신전의 높은 기단 위에 놓이며, 그 기단은 로마 식 크로스 볼트로 구조를 짰다. 다음은 계단이 중요한 역할을 했다. 계단을 올라 2층 피아노 노빌레로 직접 진입하게 했다. 원래는 경사로를 두어 포르투나 프리미제니아 신전의 연속 공간 모티프를 활용했는데 17세기에 지금의 타원형 계단으로 대체했다.6-28

평면은 팔라초와 유사한 사각형 정형주의를 보여주는데 안마당이

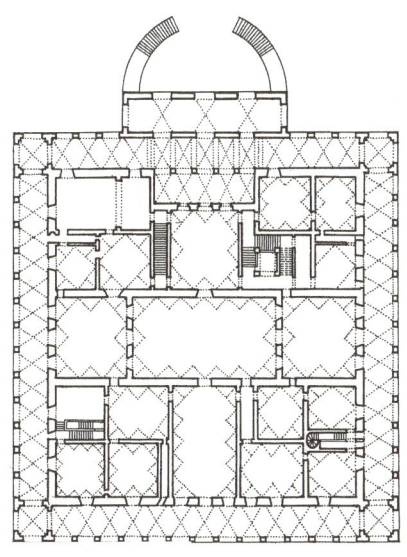

6-29
줄리아노 다 상갈로, 포조 아 카이아노의 빌라 메디치, 이탈리아, 1480~1497년

별도로 없는 것이 차이다. 빌라는 외부에 넓은 정원을 거느린 옥외 활동용 주거 형식이기 때문에 내부에 따로 안마당을 가질 필요는 없었다. 또한 유력 가문의 정치경제 활동을 위한 도심 본거지가 아니라 교외 휴양지이기 때문에 피아노 노빌레도 따로 없었다. 피아노 노빌레가 없는 평면에서 여러 개의 계단이 연속으로 이어지는 이동 공간이 중심 자리를 차지했다.6-29 옥외 타원형 계단을 오르면 전실을 지나 중앙 로비 홀에 이르는데 이곳이 이를테면 수직 교통의 중심지다. 왼쪽에 개방형 사각 회전 계단이, 오른쪽에 곧은 계단이 각각 위치한다. 옥외 타원형 계단부터 계산하면 세 개의 계단 형식이 연속으로 이어지는 구성이다. 이는 외부 정원과의 연관성을 높여 자연과 교감하려는 목적에서 나온 구성이다. 건물의 뒤쪽에는 좌우에 유턴 계단이 각각 하나씩 더 들어갔는

데 이것들은 다분히 기능적 목적을 갖는다.

계단은 무엇보다도 출입구에 형식다움을 가하는 기능을 가졌다. 특히 이것이 높은 기단과 합해지고 출입구를 로마 신전을 소품화한 부재로 처리하면서 그 효과는 배가되었다. 이는 정원 속 자연을 향해 양면적 입장을 부여한다. 하나는 자연 속 파라다이스의 중심지를 정의하는 인공다움을 상징한다. 여기에서 계단은 신전을 받치는 기단 역할, 신전으로 진입하는 동선 역할, 건물 본체를 지면에서 분리시키는 기능, 건물 전체의 좌우 대칭을 강조하는 기능 등을 갖는다. 다른 하나는 이와 반대로 내부와 외부 사이에 전이성을 주는 친자연적 입장이다. 빌라는 옥외 활동이 중요한 주거 유형이다. 이를 위해 피아노 노빌레로의 진입을 실내 계단이 아닌 옥외 계단을 통해서 하도록 해서 외기와의 접촉을 최대한 늘렸다. 계단은 단순한 이동 공간이 아니라 옥외 활동의 중심지로 기능한다.

정원, 인공폭포와 건축 이벤트

정원은 자연에 대해 양면적 입장을 갖는 르네상스 자연관을 잘 보여주는데 계단 위를 타고 흐르는 인공폭포가 대표적 예이다. 인공폭포는 자연을 있는 그대로 살리는 동시에 인공 세계로 정리하려는 양면적 입장을 잘 보여준다. 폭포 자체가 자연의 힘이 잘 드러난, 매우 자연적인 요소인데 이것을 인공적으로 만들어서 정원을 구성하는 소품으로 집어넣겠다는 의도이다. 폭포의 형식도 중요한데 수직으로 떨어지는 것이 아니라 경사를 타고 흐르게 한 것은 인공성을 높이려는 의도로 볼 수 있다. 물을 인공적으로 내려 보내기 위해서 계단은 필수 요소가 된다. 경

6-30
자코모 다 비뇰라, 빌라 란테,
이탈리아 로마

사를 계단으로 하면 자연 경사로 하는 것보다 물이 더 요동치는 것처럼 보이기 때문에 폭포 효과를 높일 수 있다. 쿨럭쿨럭거리며 내려오는 모습은 자연 요소를 인공의 힘으로 재현해낸 상징성을 갖는다. 폭포에 담긴 중력의 힘을 옆으로 늘어트려 시각 효과를 노린 것이다.

계단을 타고 흐르는 인공폭포가 쓰인 정원의 예는 여럿 있는데 카프라롤라의 빌라 파르네제(Villa Farnese) 내 카지노와 로마의 빌라 란테(Villa Lante)가 대표적 예이다.6-30 이런 예들에서는 아직 기울기가 완만해서 폭포라기보다는 시냇물을 보는 것 같은 느낌이다. 계단 크기가 커지고 기울기가 급해지면 폭포 느낌이 들기 시작하는데 메초몬테의

6-31
모초니의 빌라 치코냐, 이탈리아 롬바르디아, 건축가 미상, 15세기

빌라 코르시니(Villa Corsini)가 좋은 예이다.

　인공폭포를 갖춘 정원은 이탈리아 르네상스에서 완성된 다음 바로크 시대에는 프랑스와 영국, 독일, 러시아 등 알프스 이북의 여러 나라로 전파되었다. 인공폭포는 확장해서 보면 르네상스 빌라를 구성하는 물 요소와 계단 요소를 하나로 합한 의미를 갖는다. 물 요소는 연못과 분수, 인공폭포 등이 쓰였는데 연못과 분수가 한 곳에 머물며 정적인 분위기를 주는 반면 인공폭포는 계단과 합해지면서 역동적 힘을 표현했다. 그만큼 감각을 자극하는 효과가 더 크며 이를 계단이라는 인공 구조물을 이용해서 함으로써 인간의 힘을 바탕으로 세상을 재편하려는 르네상스 세계관과 부합했다.

　계단은 또 다른 중요한 요소로 넓은 정원에 일정한 질서와 감상의 틀을 제공하기도 하고 빌라로 시선과 동선을 집중시키는 등의 역할을 했다. 경사진 정원을 따라 빌라로 진입하는 중간 여정을 제공하기도 하고 정원 자체를 오가며 감상하는 산책로가 되기도 했다. 계단은 일소점 투시도 효과가 커서 평지 길보다 시선을 모으고 주의를 집중하기에 더 좋았는데 이런 경우에는 곧은 계단이 선호되었다.[6-31] 또는 정원 속을 이리저리 배회하며 가능한 한 많은 부분을 산책하듯 감상하는 데에는 포르투나 프리미제니아 신전에 쓰인 지그재그 계단의 여정과 연속 공간이 적합했다. 이런 처리는 모두 정원 속 자연 요소를 인공적으로 해석해서 받아들이려는 르네상스 자연관을 잘 보여주는 대목이다.

　계단을 핵심 요소로 활용한 르네상스 정원은 이탈리아에서 여러 예를 찾을 수 있는데 티볼리의 빌라 데스테(Villa d'Este)가 대표적인 예이다. 1550년 페라라의 추기경이었던 이폴리토 2세가 르네상스의 대표

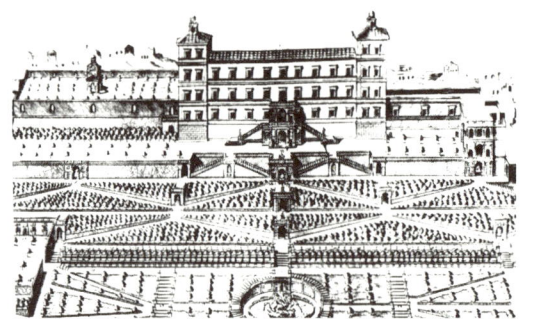

6-32
피로 리고리오, 빌라 데스테,
이탈리아 티볼리, 1573년

적인 조경건축가 리고리오(Pirro Ligorio)에게 설계를 의뢰해서 짓기 시작해 약 15년에 걸쳐 주요 부분이 완공되었다. 출입구에서 빌라에 이르는 주축이 중심을 이루고 양옆에 정원이 꾸며졌다. 주축은 다시 여러 단계를 거치게 되는데 분수와 인공폭포 등의 물 요소와 계단과 경사로 등의 수직 이동 부재가 중심 역할을 한다.[6-32] 출입구를 들어서면 십자가 형태의 회랑형 건물을 통과한 뒤 곧은 계단을 올라 분수대에 이른다. 분수를 중심에 두고 양옆으로 반원형 계단이 돌아 올라가는데 둘을 합하면 타원형 계단이 된다. 높이 차이를 이용한 인공폭포도 더해져 있다.[6-33]

이곳을 통과하면 다시 곧은 계단을 타고 경사를 올라 빌라에 이르는데 중간에 세 개의 개선아치 문을 두어서 지루해지기 쉬운 계단 오름에 놀이용 소품을 더했다. 곧은 계단 양옆으로는 길고 곧게 뻗은 지그재그 경사로를 더해 포르투나 프리미제니아 신전의 연속 공간과 여정 모티프를 활용했다. 빌라는 포조 아 카이아노의 예처럼 계단이 부착된 높은 기단 위에 서 있다. 계단은 좌우 끝에서 마주 보며 올라오는 곧은

6-33
피로 리고리오, 빌라 데스테, 이탈리아 티볼리, 1573년. 이스라엘 실베스트르가 1640년대에 그린 그림

계단으로 처리했다. 2층의 개선아치 문을 둬서 출입구 형식화를 강조했다. 이 문은 아래쪽 곧은 계단에 설치된 세 개의 개선아치 문에 이은 종점에 해당된다. 재미있는 것은 네 개의 개선아치가 위로 올라갈수록 커지고 화려해진다는 점이다. 이는 점증 구도로 인공 요소인 빌라가 자연 요소인 정원 전체를 거느리는 초점 역할을 하겠다는 르네상스 자연관을 보여주는 또 다른 예이다.

빌라 전체의 구성에서 계단은 매우 중요한 요소이다. 계단은 제일 낮은 지점에 난 입구에서 시작해서 이런저런 길을 따라 올라가며 다양한 경치와 시각 요소를 경험하게 만든 동선 처리에서 핵심 역할을 한다. 다 올라가서 내려다보면 빌라에 소속된 자연과 시골 경치가 아래에 펼쳐진다. 계단은 타원형 계단, 곧은 계단, 지그재그 경사로 등 비교적 다양한 종류가 쓰이고 있다. 이런 계단은 단순한 실용 도구가 아니라 수시로 변하는 감각 작용을 연속으로 유발해서 하나의 끈으로 이어주는 건축 이벤트의 중심 공간이다.

17 르네상스 작가주의의 최고봉 미켈란젤로의 계단

알베르티, 프란체스코, 상갈로 등의 15~16세기 초 건축가들은 르네상스 계단의 기초를 닦긴 했지만 아직 건축가 개인의 작품 개념은 약한 편이었다. 르네상스의 새로운 세계관에 맞는 계단 형식을 새롭게 정의해서 정착시키는 역할을 한 점이 중요했다. 16세기 중반에 접어들면서 이것을 이어받아 창작성이 뛰어난 작품으로 계단을 디자인한 작가주의 건축가들이 등장했다. 르네상스 내에서 사조 진행으로 보면 초기와 성기를 구분하는 차이로 볼 수 있다. 브라만테와 다 빈치는 전이적 인물이었다. 기하학적 형식다움이라는 르네상스 조형관에 강하게 기초한 점에서는 초기 르네상스에 머문 것으로 볼 수 있는 반면 개인적 창의성을 추구한 점에서는 성기 르네상스의 작가주의의 문을 연 것으로 볼 수도 있다.

은유적 해석 능력

작가주의의 핵심은 기하학적 형태성보다는 은유적 해석 능력에 있다고 볼 수 있는데, 이를 대표하는 건축가는 미켈란젤로와 팔라디오, 비뇰라 3인으로 압축할 수 있다. 이들은 시기적으로도 16세기 중반 이후의 성기 르네상스를 이끌었으며, 작품 경향에서도 형태에 대한 집착에서 벗어나 계단을 다양하게 해석해서 그 의미와 건축적 가치를 크게 확장하는 데 기여했다. 이런 새로운 현상에 대해서 바사리가 요약적으로 잘 설명해주고 있다. 성기 르네상스가 절정기를 지난 시점쯤에 여러 뛰어난 작가의 작품을 보고 난 뒤 바사리는 계단에 대한 생각을 바꾸었다. 1550년 판 저서에서는 계단을 기능에 충실하고 과장이 없게 처리해야 한다고 설명하다가 1568년 판에서는 넓은 공간을 갖추어 웅장해 보여야 하며, 채광도 잘 되어야 하고, 여유롭게 오를 수 있어야 한다는 쪽으로 급선회했다.

바사리의 관찰은 정확하긴 하나 다소 부족하다. 아직 르네상스 작가주의의 본질을 꿰뚫고 있진 못한 것 같고 그저 계단이 커지고 중요해진 현상을 파악한 정도로 볼 수 있다. 르네상스 작가주의의 본질은 이보다 좀 더 심오한데 미켈란젤로(Michelangelo Buonarroti, 1475~1564년)는 그 시작점과 최고봉을 동시에 석권한 인물이었다. 그는 르네상스뿐 아니라 서양 건축 전체를 통틀어 가장 뛰어난 계단 건축가이기도 했다. 미켈란젤로의 계단은 그의 건축적 특징의 일환으로 볼 수 있는 측면이 많아서 은유적 처리가 뛰어나다. 언뜻 보면 자극적 요소는 없으나 담고 있는 내용이 많다는 뜻이다. 따라서 시각 요소로 봐서는 안 되며 정밀한 해석이 요구된다.

라우렌치아나 도서관 계단

피렌체의 라우렌치아나 도서관(Biblioteca Laurenziana) 전실 계단은 그의 작가주의의 문을 연 대표작이다. 일단 계단 자체만 보면 검은 대리석으로 매끈하게 잘 다듬은 점은 두드러지나 그다지 특별하게 느껴지지는 않는다. 굳이 의미를 찾자면 그의 천재적 조각 솜씨가 돋보인다고 할 수 있다. 실제로 난간 같은 일부 디테일은 그렇다. 돌을 마치 사람의 피부처럼 탄력 있게 빚어내는 그의 조각 솜씨의 일면을 느낄 수 있다. 그러나 이것은 작품성의 극히 일부분일 뿐이다.

이 계단은 건축 공간 전체와 함께 보아야 한다. 핵심은 두 가지인데, 먼저 정원 계단을 실내에 이식한 점이 의미 있다. 실내에 실외 요소를 집어넣는 발상의 전환이다. 조각 요소의 개념을 단순히 시각 차원에서 정의하던 것에 실내외라는 공간 개념을 더해 한 단계 승격시켰다.6-34 중세의 조각 요소를 이어받아 르 코르뷔지에의 사물-요소 개념으로 가는 중간 길목의 의미를 갖는다. 이는 알베르티와 테라니로 이어지는 격자 구성과 함께 서양 건축의 패러다임을 양분하는 큰 흐름이다.

계단 양옆의 벽 처리는 이런 개념을 잘 보여준다. 벽 속에 갇힌 거대 기둥을 보면 실내인데도 건물 외벽을 암시하고 있음을 알 수 있다. 그렇다고 완전히 건물 입면처럼 만든 것도 아니다. 그러면 너무 노골적이어서 은유를 즐겨 쓰는 미켈란젤로의 경향과 어긋난다. 여전히 실내 기둥의 모습도 동시에 가지고 있다. 왜냐하면 이곳은 어쩔 수 없이 실내 공간이며 실외처럼 보이게 하는 것은 어디까지나 은유적 처리에 따른 것이기 때문이다. 이런 절묘한 양면성은 그의 은유적 경향의 핵심이다. 실내 전체를 정원 속 한 곳처럼 외부 공간으로 둔갑시킨 것이다. 그러나 완전한 실외는 아니어서 결과적으로 '실외다운 실내 공간', 또는 '실내 속 실외 공간'이라는 실내외 이분법 사이의 중간 전이 영역을 하나 더 정의한 것으로 볼 수 있다. 이는 다분히 동양적 공간 개념이기도

6-34
미켈란젤로, 라우렌치아나 도서관, 이탈리아 피렌체, 1524~1571년

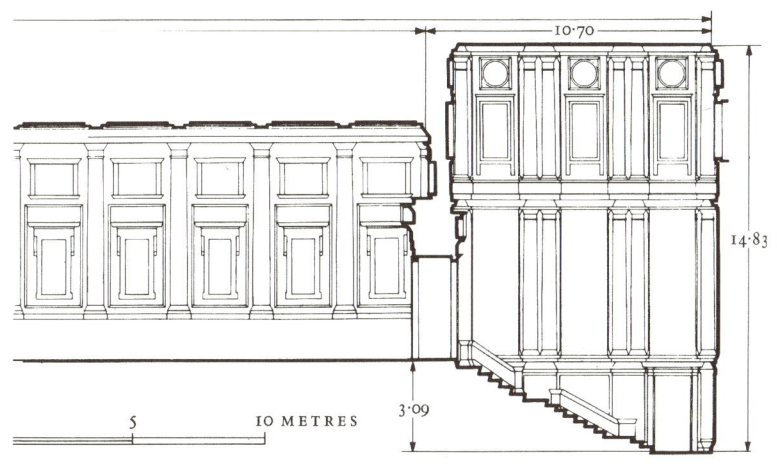

6-35
미켈란젤로, 라우렌치아나 도서관, 이탈리아 피렌체, 1524~1571년

하다.

다음은 계단을 오르내리는 사람의 발걸음과 함께 생각해야 한다. 이 계단은 전실에서 본실로 들어가는 길목에 해당되어서 유입성이 요구된다. 우물 같은 전실과 옆으로 길게 누운 본실의 비례 대비는 유입성을 돕는다.6-35 하늘로 향한 전실의 수직 공간을 거쳐 전실에 들어서는 순간 무한대로 확장하는 수평 공간을 보면 마치 진공청소기에 빨려드는 것 같은 느낌이 든다. 그러나 이런 노골성은 미켈란젤로의 방식이 아니다. 그는 다시 한 번 한쪽으로 쏠림을 방지하기 위해 역설을 집어넣는 은유적 처리를 택했다. 이번에도 계단이다. 계단은 세 부분으로 이루어지는데 사람이 제일 많이 오르내리는 중앙 부분을 자세히 보면 바깥으로 배가 불러 있다. 이는 사람을 밖으로 밀어내는 느낌을 준다.6-36

6-36
미켈란젤로, 라우렌치아나 도서관, 이탈리아 피렌체, 1524~1571년

　공간은 사람을 빨아들이듯 유입을 하면서 정작 발바닥이 직접 닿는 계단은 밖으로 밀어내는 양면성을 동시에 만들어놓았다.
　　강조와 반어라는 미켈란젤로 특유의 은유적 수사 기법이다. 사용자의 심리적 반응까지 고려한 기법으로 16세기 매너리즘 건축의 절정을 이루는 대목이기도 하다. 제일 처음 언급했던 뛰어난 조각 처리의 가치는 이런 해석을 거친 다음에 나와야 한다. 이 계단은 단순히 조각적으로 잘 처리된 계단이 아니다. 조각다움은 이런 여러 단계의 은유적 처리를 돕는 장치다. 은유적 처리와 함께 해석되어야 왜 미켈란젤로의 조각다움이 위대한지 비로소 알 수 있다. 미켈란젤로가 생각했던 조각 요소로서의 계단은 단순히 정과 끌을 잘 다루어 보기 좋은 조각물을 하나 만들어내는 것 이상이다. 사람의 발걸음을 실제로 받아들여 시대 고민을 반영하고 심리적으로 미묘한 수사적 반전을 만들어낼 수 있는 살아 있는 공간 요소로서의 조각물인 것이다. 계단은 이제 건축적 의미가 가해지는 피동적 대상이 아니라 스스로 건축적 의미를 창출하는 능동체의 반열에 올랐다.

캄피돌리오 광장 계단

다음 계단은 로마의 캄피돌리오 광장(Piazza del Campidoglio)이었다. 이 계단은 여러 면에서 라우렌치아나 도서관 계단과 대비된다. 우선 르네상스에서 로마와 피렌체라는 두 도시가 갖는 경쟁관계 및 상징성이 있을 수 있다. 미켈란젤로 개인으로 보면 피렌체의 계단이 은유성이 강한 매너리즘 경향을 보였다면, 로마의 계단은 성기 르네상스에 맞는 고전주의로 풀었다. 요구되는 내용도 그랬다. 이 광장은 로마라는 도시의 중심 광장인 동시에 이탈리아 전체로 보면 로마 제국의 건국 신화가 서린 곳이기도 하다. 로마 건국의 아버지 로물루스를 젖 먹여 키운 암 늑대 이름이 캄피돌리오였으며 그 장소가 바로 이곳이라는 신화이다. 그는 이런 중요성에 맞게 계단을 상당히 근원적 방향으로 사용했다. 은유적 수사를 구사하기에는 부지가 너무 묵직했다.

이 광장은 중세 때까지 팔라초 델 세나토리오(Palazzo del

Senatorio)와 팔라초 데이 콘세르바토리(Palazzo dei Conservatori) 두 채를 거느린 채 폐허처럼 방치되어 있었다. 미켈란젤로는 두 건물을 수리하고 팔라초 누오보(Palazzo Nuovo)를 더해서 세 면이 둘러싸인 광장을 만드는 일을 맡았다. 계단은 두 곳에 쓰였다. 하나는 아래쪽 마레 가에서 시작해서 광장으로 오르는 진입로로 완만한 경사로 처리한 뒤 계단을 두어 광장으로 진입하게 했다. 다른 하나는 광장에 진입하면 정면에 보이는 팔라초 델 세나토리오에 부착된 옥외 계단이다.

두 계단에 담긴 의미는 이렇다. 먼저 진입로는 기울기가 핵심이다. 경사가 완만해서 편안한 느낌을 준다. 계단은 폭이 3미터 안팎이어서 계단이기보다 경사로에 가깝다. 이 정도 기울기는 계단의 탄생에서 보았던 '엮어 만든 길(cordonata)'에 해당된다. 실제로 미켈란젤로는 이 계단의 이름을 '코르도나타(cordonata)'라 붙였다.[6-37] 이 속에 담긴 뜻은 편안함과 근원성 두 가지다. 로마 건국의 신화가 서려 있는 '국민 광장'이기 때문에 남녀노소 체력에 구애받지 않고 누구나 쉽게 오를 수 있는 편안한 기울기를 택했다. 이를테면 피아노가 암스테르담 기차역 옥상에 사람들이 드러누워서 해바라기를 할 수 있게 만든 옥외 테라스와 같은 기울기인데 둘 다 편안함이 키워드이다. 근원성은 계단의 탄생과 관련이 있는 형식을 사용했다는 뜻으로 로마 건축에 잘 어울리는 개념이다.

팔라초 델 세나토리오는 유서 깊은 건물로 광장을 다 오르면 병풍처럼 펼쳐지면서 전면에 모습을 드러낸다. 이 건물은 아래쪽 포룸 로마눔에 로마 공화정 때 세워진 타불리움(tabularium, 국립 문서보관소)의 위층에 해당되며, 로마 시대에는 원로원의 상원으로도 쓰였다. 이런 역

6-37
미켈란젤로, 캄피돌리오 광장 앤 팔라초 델 세나토리오, 이탈리아 로마, 1539~1564년/사후 17세기 완공

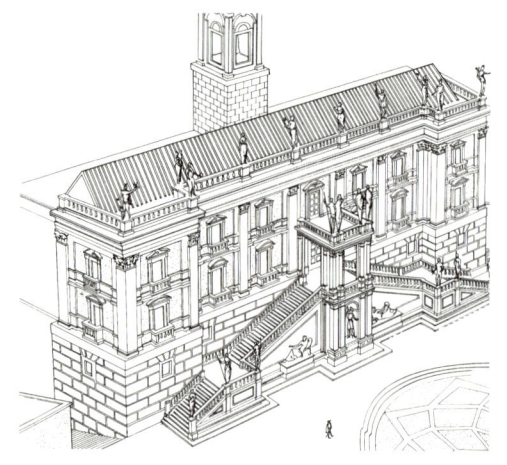

6-38
미켈란젤로, 캄피돌리오 광장 앤 팔라초 델 세나토리오, 이탈리아 로마, 1539~1564년/사후 17세기 완공

사적 배경과 광장 내에서 종착점의 위치가 합해지면서 이에 합당한 권위를 과시하는 일이 제일 중요한 조건이 되었다. 미켈란젤로는 이것을 계단으로 해결했다. 빌라에서 완성된 계단을 이용한 출입구 형식화를 활용했다.6-38

　계단은 양끝에서 서로 마주 보며 달려오는 두 개의 곧은 계단이 사용되었다. 두 계단은 화려한 중앙 출입문 앞에서 만났다. 피아노 노빌레로 직접 들어가는 동선인데, 광장과의 연속성을 고려한 처리였다. 마레 가에서 시작해서 진입 계단과 광장을 거쳐 계단을 올라 피아노 노빌레로 들어가는 긴 여정의 클라이맥스를 이루는 부분이다. 곧은 계단은 중간에 한 번 끊긴 뒤 조금 어긋나서 위아래 두 부분으로 나뉘었다. 지루함을 덜려는 작은 파격인데 오히려 르네상스에 적합한 권위를 주는 효과를 냈다. 끊김 없이 내달리는 일직선 곧은 계단은 권위를 갖긴 하지만 고대 전제적 권위였기 때문에 르네상스에는 안 맞았다. 중간에

한 번 끊어 휴먼 스케일 범위 내로 가져옴으로써 르네상스에 맞게 각색한 셈이었다.

양쪽 끝에서 시작하는 계단을 사용한 이유는 좌우 대칭을 강조하기 위해서였다. 좌우 대칭은 건물에 권위를 부여하는 효과가 큰 고전주의의 기본 법칙이다. 그런데 계단이 만들어내는 사선은 거꾸로 수평선 중심의 고전주의 조화미를 깨는데, 계단의 중간을 한 번 끊은 것은 사선을 약화시켜 이를 방지하기 위한 목적도 가졌다. 여기에서 다시 한 번 미켈란젤로의 천재성이 드러난다. 마지막으로 양쪽 끝에서 시작하는 계단을 둠으로써 진입 계단과 광장을 거치면서 앞만 보고 한 방향으로만 달려온 동선에 변화를 주는 효과도 노렸다. 이 건물 앞에서 한 번 90도를 꺾어서 조금 간 다음 180도를 꺾어야 하기 때문에 발걸음에 리듬감 넘치는 변화를 주었다. 한쪽 옆으로 건물 입면을 벽처럼 끼고 계단을 오르는 느낌도 변화를 주기 위한 처리였다. 진입 계단과 광장을 거치는 여정은 모두 막힘없는 옥외 공간에서 일어난 것이었다. 반면 이 건물의 계단은 반 실내 공간을 오르는 것 같은 느낌을 주면서 적절한 변화를 유도했다.

광장 형태도 이 건물의 계단을 고려해서 결정했다. 진입 계단 쪽이 좁고 이 건물 쪽이 넓은 사다리꼴인데 이 건물 계단의 전 길이가 잘리지 않고 한눈에 다 들어오게 하기 위해 광장 안쪽 변을 길게 늘인 것이다.[6-39] 미켈란젤로가 그만큼 이 건물의 계단에 공을 들여서 다 보여주고 싶어했음을 말해주는 것인데, 이는 곧 이 건물에 요구된 조건을 계단을 통해 훌륭히 만족시켰음을 의미하는 것이기도 하다.

이상을 종합하면 캄피돌리오 광장의 계단은 라우렌치아나 도서관

6-39
미켈란젤로, 캄피돌리오 광장 앤 팔라초 델 세나토리오, 이탈리아 로마, 1539~1564년/ 사후 17세기 완공

계단을 광장이라는 옥외 공간에 맞게 변형시켜 사용한 것으로 해석할 수 있다. 진입 계단은 도서관에서 본실로 오르는 과정에 유추될 수 있다. 광장은 곧 본실이 되는데 도서관에 나타난 유입성은 광장의 사다리꼴 형태와 양옆에 늘어선 두 채의 팔라초의 압축 기능에 유추될 수 있다. 진입 계단을 다 오른 다음 마주치는 광장은 속으로 들어갈수록 더 넓어지기 때문에 환영의 느낌을 준다. 이는 도서관에 요구되던 유입성이라는 기능을 '국민광장'에 맞는 환영의 느낌으로 전환시킨 것으로 참으로 적절한 대응이라 할 수 있다. 그러나 이것만으로는 부족하다고 느꼈는지 적절한 긴장감을 주어야겠다고 판단했던 것 같다. 이를 위해 광장 양옆에서 두 채의 팔라초가 마치 고무풍선을 판자로 눌러 압축하듯 압박하면서 긴장감을 만들어낸다. 두 팔라초를 똑같이 생긴 쌍둥이로 처리해서 압박 효과를 높였다.

이것이 끝이 아니다. 여기까지는 표준 고전주의를 활용한 성기 르네상스에 해당된다. 로마라는 도시의 위상과 이 광장 자체의 중요성에 적합한 선택이었다. 상당한 수준의 은유가 들어가긴 했지만 라우렌치아나 도서관처럼 반어 같은 매너리즘 요소는 사용하지 않고 비교적 고

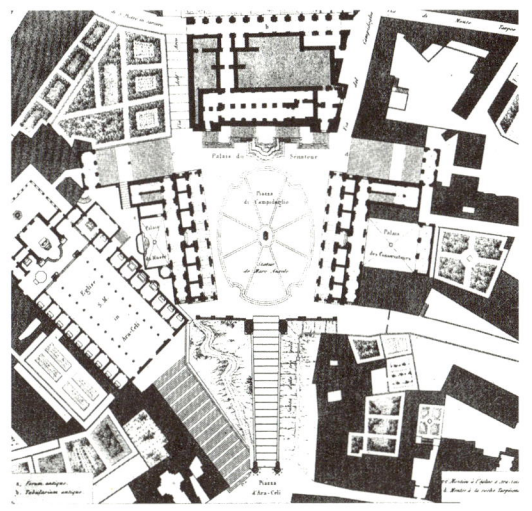

6-40
미켈란젤로, 캄피돌리오 광장
앤 팔라초 델 세나토리오, 이
탈리아 로마, 1539~1564년/
사후 17세기 완공

전주의의 원 의미에 충실함으로써 요구 조건을 훌륭히 만족시켰다. 그러나 미켈란젤로가 활동하던 시기는 매너리즘의 시대였기 때문에 동시대의 유행도 무시할 수 없었다. 본인의 예술성도 완전히 누를 수만은 없었을 것이다. 이런 배경으로 이곳 광장에서도 마지막으로 매너리즘 기법이라 볼 수 있는 기막힌 기교를 부렸다. 그 비밀은 진입 계단과 광장의 사다리꼴 형태에 숨어 있다.

두 형태 모두 안쪽 변이 넓은 사다리꼴, 즉 깔때기 형태이다.6-40 쉽게 얘기해서 좌우 벽이 평행이 아니라는 뜻인데, 동선 공간을 이렇게 처리하면 투시도 왜곡 효과가 일어난다. 오름의 진입 방향에서 보면 속으로 들어갈수록 넓어지는 구도로 실제 속도보다 느리게 느끼게 한다. 이는 위에 말한 편안함을 유발하는 것과 유사한 의미이기도 하다. 발걸음을 완보로 만들어 '국민광장'으로 진입하는 느낌을 가능한 한 오래

6-41
아고스티노 부오나미치의 캄피돌리오 그림, 18세기

즐기게 해주려는 목적이다. 진입 계단과 광장 모두 한 방향으로만 달리는데 여기에서 오는 피로를 줄이려는 목적일 수도 있다. 남녀노소를 초월한 모든 이를 위한 보편성으로 해석할 수도 있다. 진입 계단을 올라 광장 입구에 이르면 앞에 설명한 것과 같은 여러 종류의 감상이 일어나기 때문에 이것들을 충분히 음미하기 위해서는 발걸음 속도를 늦춰가는 것이 절대로 필요하다. 건축가 입장에서 보면 그만큼 감상거리를 많이 갖추었기 때문에 천천히 즐기고 가라는 자신감일 수 있다.

아고스티노 부오나미치(Agostino Buonamici)라는 18세기 화가가 그린 그림을 보면 이런 의미를 잘 알 수 있다.[6-41] 이 그림에서는 사람들이 여유로운 발걸음으로 '엮어 만든 길'을 오르내리고 있으며, 일부는 한가롭게 계단에 앉아서 쉬고 있다. 또 일부는 난간을 미끄럼틀 삼아 내려오고 있다. '국민광장'으로서 편안한 쉼터를 제공하는 분위기다. 이에 맞춰 계단 꼭대기 정중앙에 가늘고 키가 큰 나무 한 그루를 심고 광장 왼쪽의 팔라초 데이 콘세르바토리를 생략하는 등 일부 배경은 사실과 다르게 그렸다. 이는 18세기에 새로 나타난 도시 공공성이라는 개념의 영향을 받은 것이기도 하다. 18세기에는 계단의 역할이 바뀌게 되는데 스페인 계단이 대표하듯 도시 속 시민 놀이터 개념이 새롭게 강화된다. 어쩌면 미켈란젤로는 이것을 미리 예견하고 그 장을 로마 시민들에게 일찌감치 선사한 것일지도 모른다.

아직도 끝이 아니다. 마지막으로 뒤를 돌아볼 일이 남았다. 아니, 반드시 뒤를 돌아봐야 한다. 그래야 투시도 왜곡 효과가 완성되기 때문이다. 뒤를 돌아보면 거꾸로 밖을 향해 좁아지는 구도로 이는 쥐어짜거나 재촉하는 효과를 낸다. 자신이 걸어온 길이 그만큼 길고 멀게 느껴진다는 뜻인데, 이는 '국민광장'에 올랐다는 보람을 강조해주는 효과를 갖는다. 실제 걸어온 것보다 더 먼 길을 지나온 것처럼 느끼게 하기 때문이다. 따라서 '국민광장'의 권위를 높여주는 기능을 한다. 어느 한 군데 과도한 허식이나 유치한 전제 어휘를 사용하지 않고도 심리적 감상 효과만으로 광장의 역사에 합당한 권위를 부여했다. 브라만테가 바티칸 벨베데레 안마당에서 일소점 투시도를 활용한 것과 대비되는 대목이다. 브라만테의 투시도 활용이 일차원적이고 직접적이라면, 미켈란젤로는 고차원적이면서 은근하다. 이래서 사람들은 미켈란젤로를 천재라고 부르는 것이다.

계단, 문명을 오르다 고대~르네상스

지은이 | 임석재

1판 1쇄 발행일 2009년 9월 21일
1판 2쇄 발행일 2010년 6월 7일

발행인 | 김학원
편집인 | 선완규
경영인 | 이상용
기획 | 정미영 최세정 황서현 유소영 김은영 김서연 박정선 정다이
디자인 | 김태형 유주현
마케팅 | 하석진 김창규
저자 · 독자 서비스 | 조다영 함주미(humanist@humanistbooks.com)
스캔 · 출력 | 이희수 com.
용지 | 화인페이퍼
인쇄 | 청아문화사
제본 | 정민제본

발행처 | (주)휴머니스트 출판그룹
출판등록 | 제313-2007-000007호(2007년 1월 5일)
주소 | (121-869) 서울시 마포구 연남동 564-40
전화 | 02-335-4422 팩스 | 02-334-3427
홈페이지 | www.humanistbooks.com

ⓒ 임석재 2009

ISBN 978-89-5682-288-8 03600

만든 사람들

기획 | 선완규(swk2001@humanistbooks.com), 유은경
편집 | 임미영
디자인 | 민진기디자인